Capitaine V. CHARETON

Comment la Prusse a préparé sa Revanche

LA RÉFORME MILITAIRE,
LES LEVÉES DE 1813 ET LA LÉGENDE DES VOLONTAIRES PRUSSIENS,
LA POLITIQUE PRUSSIENNE ET L'UNITÉ ALLEMANDE.

1806-1813

PARIS
HENRI CHARLES-LAVAUZELLE
Éditeur militaire
10, Rue Danton, Boulevard Saint-Germain, 118

(MÊME MAISON A LIMOGES)

COMMENT LA PRUSSE
A PRÉPARÉ SA REVANCHE

DROITS DE REPRODUCTION ET DE TRADUCTION RÉSERVÉS

Capitaine V. CHARETON

Comment la Prusse a préparé sa Revanche

LA RÉFORME MILITAIRE,
LES LEVÉES DE 1813 ET LA LÉGENDE DES VOLONTAIRES PRUSSIENS,
LA POLITIQUE PRUSSIENNE ET L'UNITÉ ALLEMANDE.

1806-1813

PARIS
HENRI CHARLES-LAVAUZELLE
Éditeur militaire
10, Rue Danton, Boulevard Saint-Germain, 118

(MÊME MAISON A LIMOGES)

« Mon cher Capitaine,

» En vous proposant d'exposer les voies et moyens par lesquels la Prusse s'est relevée après les catastrophes de 1806 et 1807, vous ferez une œuvre méritoire et utile, pleine de précieux enseignements pour nous.

» Le général Gneisenau, le chef d'état-major de Blücher, a dit avec fierté: « Le monde s'étonnera un jour de l'exiguité des ressources avec lesquelles nous avons terrassé Napoléon. » Ce sont les réformes civiles accomplies par Stein, ce sont les réformes militaires accomplies par Scharnhorst qui ont, non seulement assuré le relèvement de la Prusse, mais encore préparé sa grandeur dans l'avenir, grâce aux principes féconds qu'elles contenaient. Le système des réserves, l'organisation de la landwehr datent de cette époque, où la plus stricte économie était nécessaire dans un pays ruiné et démembré. Nous ne saurions trop méditer ces modèles que votre ouvrage mettra en pleine lumière.

Versailles, le 29 décembre 1902.

» Général PIERRON. »

A Monsieur le capitaine Chareton.

AVANT-PROPOS

Dans l'espace d'un siècle, de 1713 à 1813, l'Europe a vu le royaume de Prusse grandir sous la férule du Roi-Sergent, atteindre l'apogée de sa puissance sous le règne glorieux de Frédéric-le-Grand, déchoir sous ses débiles successeurs, sombrer sous les coups de Napoléon, puis soudainement se relever de ses ruines pour reconquérir à la fois sa grandeur et son indépendance.

L'histoire d'une nation qui passe en si peu de temps par des phases aussi diverses doit être fertile en enseignements de toutes sortes ; aussi a-t-elle fixé à juste titre l'attention de nos contemporains. Dans son ouvrage « *Frédéric II et Marie-Thérèse,* » M. le duc de Broglie, avec le talent qui le caractérise, a tracé le tableau du règne de Frédéric-le-Grand. En des pages d'une haute portée historique et politique, il nous a montré cet illustre monarque utilisant les matériaux accumulés à force d'économie par son prédécesseur, pour élever l'édifice de la royauté prussienne sur les bases peu durables d'une diplomatie dont il est l'âme et dans laquelle il n'apporte « d'autre morale que la grandeur de son royaume ». Dans son étude sur « la *Prusse après Frédéric II* », M. Albert Sorel a analysé le caractère de Frédéric-Guillaume II, plus occupé de ses divorces et de ses maîtresses que des intérêts de son pays ; il a dépeint de main de maître la monarchie prussienne déjà chancelante et prête à s'écrouler sur la poussée des Français. M. G. Cavaignac nous a initiés aux travaux de Hardenberg, d'Altenstein et de Stein qui furent les premiers artisans de la régénération de la Prusse ; mais il s'est borné à exposer les réformes administratives entreprises par ces deux chanceliers. Aucun auteur n'a encore entrepris de traiter ce sujet au point de vue des réformes militaires (1). Seul, le colonel Charras, dans son livre sur « *la guerre de 1813 en Allemagne* », a consacré quelques lignes à la réorganisation militaire de la Prusse et a créé la légende des volontaires prussiens de 1813, au moment même où M. Camille Rousset s'efforçait de détruire la légende des volontaires français de 1791.

Au dire du colonel Charras, la Prusse se serait réveillée à l'appel de son roi ; partout aurait régné le plus vif enthousiasme ; aucune défaillance n'aurait terni la gloire de ces soldats sortis du sol tout armés, comme autrefois Minerve de la tête de Jupiter ; les citoyens auraient, sans hésiter, sacrifié leurs fortunes et leurs vies sur l'autel de la Patrie; les femmes elles-mêmes auraient offert leurs bijoux et échangé leurs alliances d'or contre des anneaux de fer portant cette inscription : « J'ai donné de l'or pour du fer. — 1813 ».

S'il suffit de provoquer l'enthousiasme national pour improviser des troupes, à quoi servent nos armées permanentes ? Elles absorbent inutilement les forces vives du pays. Qu'on rende ces soldats à leurs charrues et, au moment du danger, le peuple français se lèvera tout entier à l'appel de la Patrie comme la Prusse s'est levée à l'appel de son roi.

---

(1) M. G. Cavaignac a publié, dans la *Revue des Deux Mondes*, une étude sur les réformes militaires de la Prusse; mais cette étude, réduite à un chapitre, est forcément incomplète.

Dans cette étude, l'auteur s'est efforcé de combler une lacune historique, de détruire une légende. Tout en poursuivant ce double but, il a voulu prouver, une fois de plus, que les armées ne s'improvisent pas et que les soldats d'un moment, quel qu'ait été l'esprit qui les animait, n'ont jamais formé que des bandes indisciplinées et sans valeur militaire.

I

APERÇU HISTORIQUE

L'armée prussienne sous Frédéric-Guillaume Ier. — Les hommes de paille. — Le Kantonsystem. — Les guerres de Frédéric-le-Grand. — Les volontaires de 1757. — La Landmiliz. — Influence de la Révolution française. — Le service obligatoire. — Commission de réorganisation de 1803. — Décadence de l'armée prussienne.

Afin de pouvoir apprécier exactement les moyens que la Prusse employa pour préparer sa revanche, il importe de rechercher les antécédents militaires de cette nation et de se rendre compte de leur influence sur le dévelopment ultérieur de sa puissance (1).

A l'avènement de Frédéric-Guillaume Ier, les forces militaires de la Prusse se composaient :

1° D'une armée permanente forte d'environ 30.000 hommes et recrutée par voie de racolage.

2° D'une milice provinciale ou « Landmiliz » destinée, en principe, à assurer la garnison des forteresses et la défense du territoire national, hors duquel elle ne devait pas être employée. La durée du service y était de cinq ans. La milice était organisée en compagnies encadrées à l'aide de gradés de l'armée permanente libérés du service actif. Les hommes, étroitement surveillés par les fonctionnaires royaux et soumis à l'obligation de dé-

---

(1) Dans ce qui va suivre, nous ferons de fréquents emprunts à Bräuner, *Geschihte der preussischen Landwehr*.

clarer leur résidence, étaient exercés une fois par semaine pendant deux heures.

En prenant le pouvoir, Frédéric-Guillaume, qui était surtout un soldat, se montra l'adversaire de la Landmiliz : il ne pouvait concevoir que l'on pût être à la fois civil et militaire. Pour ce « roi sergent », la force de l'armée ne consistait que dans la force physique du soldat, et, à ses yeux, le dressage poussé jusque dans ses extrêmes limites était le seul moyen efficace de préparer les hommes à la guerre. Il pensait que le pays ne devait avoir avec l'armée d'autres relations que le paiement de l'impôt destiné à assurer son entretien ; que le soldat ne devait avoir d'autre pays que l'armée, d'autre fortune que sa solde. De telles idées devaient forcément l'amener à considérer la milice provinciale comme un élément inutile : il la supprima (1).

Afin de doter l'armée permanente d'un effectif en rapport avec la puissance qu'il désirait pour son royaume, Frédéric-Guillaume Ier donna l'ordre d'incorporer de force un grand nombre de recrues. Cette mesure violente porta son armée à 80.000 hommes, mais provoqua une véritable crise dans le pays, qu'elle privait d'une grande partie de ses travailleurs, et comme, d'autre part, la longue durée du service interdisait aux soldats libérés tout espoir de réussir dans une carrière nouvelle, les populations émigrèrent en masse. Le monarque se vit contraint de revenir au recrutement par voie d'engagement volontaire ; mais la nation, qu'il avait détachée de l'armée, ne répondit pas à son appel, et il dut demander à l'étranger les soldats qui lui faisaient défaut. Les officiers racoleurs enrôlèrent des gens sans aveu que, seuls,

---

(1) L'aversion du roi de Prusse pour tout ce qui s'écartait de l'armée permanente était telle qu'il menaça d'une amende de 100 ducats tout fonctionnaire qui se servirait du mot « milice » dans la correspondance officielle.

les coups de canne distribués par les sergents pouvaient maintenir dans le devoir.

Afin de compenser ce qu'un tel recrutement pouvait avoir de préjudiciable pour la valeur de l'armée, le roi apporta tous ses soins dans le choix des chefs. Le corps des officiers devint un corps d'élite accessible uniquement à la noblesse, mais dans lequel l'avancement ne fut donné qu'au mérite éprouvé.

Les événements devaient démontrer l'inanité d'un système qui ne tenait aucun compte de la valeur morale du soldat. Les nombreuses guerres conduites par Frédéric-le-Grand épuisèrent rapidement les cadres expérimentés, et, avec eux, s'éteignit peu à peu la force de l'armée. C'est ainsi que les victoires mêmes qui firent la gloire de la nation prussienne préparèrent sa déchéance.

Frédéric-Guillaume Ier s'aperçut bientôt qu'il lui serait impossible de maintenir longtemps sous les drapeaux un effectif considérable. Il frappa le peuple et même la noblesse de nouveaux impôts; mais son goût prononcé pour les hommes de haute taille, qu'il enrôlait à prix d'or, eut vite épuisé ce surcroît de ressources, tandis que la discipline brutale qui régnait dans l'armée provoquait des désertions chaque jour plus nombreuses. Pour ne pas attirer sur eux la disgrâce du monarque, les capitaines eurent recours à tous les subterfuges capables de dissimuler à ses yeux la faiblesse des effectifs de leurs compagnies. On vit apparaître en Prusse les « hommes de paille », qui, en France, avaient si justement provoqué la colère de Louvois. Là ne se bornaient pas les abus. Les officiers prussiens, afin de donner plus de vigueur à l'exploitation agricole qui constituait le plus clair de leurs revenus, envoyaient travailler dans leurs domaines des soldats déjà instruits auxquels ils délivraient des congés temporaires et qu'ils rappelaient sous les drapeaux à l'occasion des revues. Les économies réalisées grâce à ces journées d'absence, leur permettaient en outre d'enrôler quelques nouvelles recrues dont la haute stature pouvait flatter la manie bien connue du monarque.

Le roi eut bientôt découvert ce subterfuge ; mais son esprit pratique saisit les avantages d'un système tout au profit de l'armée qui, sans dépenses nouvelles, voyait s'accroître d'une façon sensible l'effectif de ses hommes instruits. Il s'empressa de donner à ces agissements la sanction de la loi. C'est ainsi que, par la force même des choses, fut rétablie une situation dans laquelle une partie des soldats étaient à la fois civils et militaires.

L'ordonnance du 1er mai 1733 prescrivit de diviser le pays en circonscriptions de recrutement ou « Kantons » correspondant chacune à un régiment, lequel devait répartir entre ses compagnies le territoire qui lui était affecté.

Chaque circonscription fournissait des recrues au corps correspondant, qui congédiait en retour un nombre égal d'anciens soldats choisis parmi les plus instruits. Les hommes libérés demeuraient cependant encore à la disposition du roi, qui pouvait les rappeler en cas de besoin ; ils étaient soumis à la surveillance des autorités civiles et étaient tenus de ne pas se déplacer sans faire connaître leur changement de résidence. Toutes les années avait lieu pour eux une période d'exercices de deux semaines (1). En un mot, Frédéric-Guillaume remettait en vigueur dans son armée permanente les dispositions relatives à la Landmiliz qu'il avait supprimée.

Dans la monarchie, le poids du service militaire ne

---

(1) Quoique les hommes fussent astreints au service durant 25 années, ils ne passaient pas plus de 21 mois sous les drapeaux, y compris les périodes d'appel effectuées après leur envoi en congé.

portait pas également sur tous les sujets : le souverain avait pris le soin d'en dispenser les fils des officiers supérieurs et les jeunes gens dont les parents possédaient une fortune de 10.000 thalers au moins ; certaines villes, certains corps de métier, en étaient également exempts.

Telle fut, dans ses grandes lignes, l'organisation du « Kantonsystem ». C'est en le faisant revivre que la Prusse, écrasée en 1806, devait trouver le moyen de reconstituer ses forces et d'éluder les clauses du traité de Tilsit.

Pour ne pas entretenir d'une façon permanente les forts effectifs des régiments destinés à assurer la garnison des forteresses, Frédéric-Guillaume avait prévu l'organisation des régiments de troupes locales (Landregimenter) constitués au moyen des classes les plus anciennes des hommes congédiés de l'armée active. Ces régiments, au nombre de quatre (1) et forts d'environ 5.000 hommes chacun, étaient destinés à renforcer les garnisons des places fortes. Lors de la guerre de Sept ans, ils furent mobilisés et formés tous à 4 bataillons d'effectif variable.

L'année 1757 fut pour la Prusse une époque de grande détresse : battu sur tous les théâtres d'opérations, Frédéric II semblait à jamais perdu et ne songeait plus qu'à « mourir en roi ». Alors apparurent pour la première fois dans l'armée prussienne des miliciens volontaires levés et équipés aux frais des provinces.

Dès le mois de mars, le feldmarschall von Lehnwald avait organisé en Lithuanie une milice forte de 2.214 hommes, destinée, en principe, à la garde des côtes, mais qui semble avoir pris part à la bataille de Gross-Jägern-

---

(1) C'étaient les régiments de Berlin, Magdebourg, Kœnigsberg, Stettin.

dorf et avoir lutté contre les Russes à côté des troupes permanentes.

Après la défaite de Kollin, les Etats poméraniens offrirent au roi, sur leur caisse particulière, 10 bataillons de « Landmiliz » ou « Landwehr », forts chacun de 500 hommes. Ils ne demandaient en retour que le droit de désigner les officiers pour une première formation. Frédéric II accepta; mais, comme il n'avait aucune confiance en la capacité de ces gradés improvisés, il s'empressa de rappeler à l'activité un certain nombre de sous-officiers et d'officiers retraités, et décida que les débris des deux régiments poméraniens de Manteufel et de Bavern, écrasés à Kollin, serviraient de cadres aux miliciens qui se rassemblaient à Stettin.

Les Etats des Marches de Brandebourg levèrent également à leurs frais 13 bataillons. Comme le besoin de cavalerie se faisait particulièrement sentir, ils formèrent aussi quelques escadrons de cavalerie légère sous le nom de « Miliz-Husaren ».

L'initiative privée se joignit à celle des Etats et des corps francs se levèrent sur divers points du royaume.

Ces troupes permirent de défendre Kolberg, Cüstrin, Stettin et Magdebourg ; elles fournirent de plus le noyau du petit corps avec lequel les généraux Wedel, Belling et Warner opérèrent contre les troupes d'étapes de l'ennemi. Durant les dernières années de la guerre, elles firent fonction de dépôts, dans lesquels les troupes de campagne vinrent puiser leurs hommes de complément.

A la fin des hostilités, le roi licencia ces levées du moment ; il ne maintint que les quatre régiments de troupes locales, qu'il réduisit dans la suite, et qui ne tardèrent pas à disparaître complètement, faute d'argent pour pourvoir à leur entretien.

En 1813, nous verrons tous ces faits se reproduire dans

le même ordre, tant il est vrai que l'histoire n'est qu'un perpétuel renouvellement.

A l'époque où nous sommes arrivés, « la Révolution française commençait à attirer les regards des souverains étrangers; son langage était si élevé, si ferme; il avait un caractère de généralité qui semblait si bien la rendre propre à plus d'un peuple, que les princes étrangers durent s'en effrayer..... Les nations avaient les yeux sur la France ; les souverains commençaient à nous haïr et à nous craindre, et les peuples à nous estimer (1). »

Cette haine et cette crainte des monarques amena la déclaration de Pilnitz (7 août 1791), par laquelle le roi de Prusse, Frédéric-Guillaume II, et l'empereur d'Autriche, Léopold, décidèrent de répondre à l'appel des émigrés français et de s'unir pour sauver Louis XVI, qui représentait à leurs yeux le principe de la monarchie absolue.

Frédéric-Guillaume avait suivi attentivement les progrès de la Révolution qui s'opérait en France, et ce n'était pas sans quelque crainte qu'il envisageait l'avenir. Un certain nombre d'étrangers, enthousiastes des idées nouvelles, s'étaient déjà rendus à Paris pour se présenter à l'Assemblée nationale et assister aux fêtes de la Fédération. Anacharsis Clootz, Prussien de naissance, s'était fait leur orateur. Sans doute les événements, aussi bien que l'influence des philosophes français que Frédéric-le-Grand avait attirés à sa cour, avaient pu introduire en Prusse des idées d'indépendance ; mais Frédéric-Guillaume s'en exagérait l'importance. Il jugea à propos de mettre à profit la crainte inspirée à la noblesse et à la riche bourgeoisie prussienne par le sort

---

(1) Thiers. *Histoire de la Révolution*, L. III, T. I.

désastreux des patriciens français, pour resserrer les liens qui les unissaient à sa couronne.

Le « Kantonreglement » fut modifié. Un édit du 12 février 1792 fixa à 20 ans la durée du service militaire et décréta que « *aucun de ceux qui profitent de la protection de l'Etat ne saurait se soustraire à l'obligation de le défendre.* » «En temps de guerre — ajoutait le roi — le service obligatoire s'impose à nos fidèles sujets. Il est la conséquence indispensable de la nécessité d'assurer l'intégrité de l'Etat, pour la sauvegarde duquel nous avons besoin d'une nombreuse armée, et de pourvoir à la sécurité de la propriété et des biens de chacun. »

Ce n'étaient là que vaines paroles. Dans la pratique, le « Kantonsystem », qui jusqu'alors avait souffert tant d'exceptions et de privilèges, ne cessa pas de porter uniquement sur les classes pauvres et, par suite, sur celles qui avaient le moins d'intérêt à défendre l'Etat.

La défaite de Valmy prouva à la Prusse que les faibles effectifs, auxquels elle avait réduit son armée permanente par mesure d'économie, ne lui permettraient plus de maintenir intacte la réputation militaire que lui avaient faite les victoires de Frédéric-le-Grand. Des esprits clairvoyants, et notamment le président de chambre von Stein, déclaraient que, étant donné les proportions que semblait devoir prendre la lutte contre la France, l'armée permanente ne pourrait suffire à accomplir sa tâche si elle n'était soutenue par des troupes de seconde ligne, par une milice solidement organisée et encadrée au moyen d'anciens officiers de carrière. Cette idée d'armer le peuple fut sérieusement envisagée par le gouvernement autrichien, qui s'en ouvrit aux cours allemandes (1). Le roi de Prusse se déclara hostile à

---

(1) Correspondance entre le Ministère des affaires étrangères et le Conseil supérieur de la guerre, 25 août 1794.

l'organisation d'une landwehr sous le prétexte que « les levées populaires en face de l'ennemi seraient aussi insuffisantes que dangereuses par elles-mêmes ». Cependant Frédéric-Guillaume II ne pouvait avoir oublié si tôt que la couronne de Frédéric-le-Grand avait été sauvée par un mouvement populaire ; le véritable motif de sa défiance envers la landwehr était la crainte que lui inspirait le mouvement révolutionnaire français dont il redoutait la contagion. Les princes des Etats du Rhin ne montrèrent pas plus de confiance dans la fidélité de leurs sujets ; ils ne voulurent admettre que l'organisation d'un landsturm pour la défense de leur pays contre une invasion des Français.

La méfiance de Frédéric-Guillaume II était telle qu'il ne voulut même pas consentir à lever les bataillons de landwehr destinés à la défense des places. L'armée permanente fut seule chargée du soin de conduire une guerre offensive et d'assurer l'intégrité du territoire. Pour la mettre en état de remplir ce double rôle, le roi résolut de la rendre plus forte et de la réorganiser sur des bases nouvelles; mais il perdit un temps précieux en vaines discussions et la mort vint l'empêcher de continuer son œuvre (1797).

De sérieuses tentatives de réformes ne furent faites qu'en 1803. A cette époque, Frédéric-Guillaume III présenta à la « Commission d'organisation militaire », que présidait le feldmarschall von Möllendorf, un projet élaboré par le général von Rüchel.

Au moment d'une guerre, l'armée permanente devait être renforcée par une armée de 50.000 hommes de milice provinciale, destinée à assurer la défense des forteresses et la garde des côtes. Cette milice devait être composée d'anciens soldats nationaux libérés, mais maintenus, pendant cinq ans encore à la disposition du roi; les habitants des villes ou districts dispensés, par privilège spécial, du service de Kanton, ainsi que tous les hommes exemptés du service actif en raison de leurs études ou de leur profession, devaient également en faire partie.

La commission accepta, en principe, ces propositions; mais, tandis qu'elle se préoccupait d'en fixer les détails, le roi présenta un nouveau projet dû au général de Courbière.

Courbière voulait doter l'armée permanente d'une forte réserve d'hommes instruits, qui viendrait se fondre dans ses rangs au moment de la mobilisation et accroîtrait ainsi ses effectifs. Il proposait d'augmenter le contingent annuel des recrues, et d'accorder, en nombre égal à cette augmentation, des congés temporaires aux soldats instruits. Il réclamait, en outre, une organisation fixe et symétrique des régiments (1), qui comprendraient, à l'avenir, quatre bataillons à quatre compagnies; les trois premiers devant servir aux armées en campagne, le quatrième à la garde des places fortes.

Ce projet rallia à lui tous les suffrages; mais la commission crut devoir maintenir, tout au moins à titre transitoire, le plan d'organisation d'une armée de deuxième ligne, établi par le général Rüchel.

Une proposition faite par le major Knesebeck ne fut pas adoptée. Le major imposait à tous les Prussiens le service obligatoire dont il réduisait la durée de 20 ans à 15 ans. Tous les hommes en état de porter les armes, y compris les exemptés, devaient être exercés dans les régiments de ligne et contribuer à la création d'une « Landreserve ». Cette masse de réservistes, augmentée des militaires définitivement libérés du service actif, formerait, sous le nom de « légions de la patrie » (Va-

---

(1) A cette époque, le régiment prussien comprenait 2 bataillons à 5 compagnies et un à 4 compagnies.

terlands Légion), des corps de troupe d'un effectif total de 130.000 hommes, qui pourraient être employés *non seulement à l'intérieur du territoire national, mais encore à l'extérieur.*

Pour assurer l'instruction des réservistes sans augmenter les dépenses budgétaires, Knesebeck proposait d'envoyer, au moment des périodes d'appel, les hommes de l'armée active en congé temporaire, et cela en nombre égal à celui de l'effectif des nouveaux appelés.

L'auteur du projet insistait, en outre, sur la nécessité de favoriser dans les écoles les exercices de gymnastique, et de développer le sentiment militaire de la nation en publiant le récit de ses gloires passées.

Le projet de Knesebeck ne valait rien : car on ne peut employer d'emblée pour une guerre de campagne des militaires n'ayant accompli que quelques périodes d'exercice. De plus, le major avait eu le tort de ne pas préciser la proportion à établir entre l'effectif de l'armée permanente et celui des miliciens qu'elle devait instruire; cependant c'était là la pierre d'achoppement de sa proposition.

La commission d'organisation repoussa des réformes qu'elle considérait comme des utopies. « On ne saurait comprendre — disait-elle — comment on a pu songer à modifier, d'une façon aussi complète, les institutions d'une armée victorieuse, qui a été si longtemps, et demeurera encore pour toute l'Europe, un modèle inimitable. *En raison des nombreux congés accordés, cette armée ne tarderait pas à devenir elle-même une vraie milice provinciale* (1). »

---

(1) Pour des raisons budgétaires, la France semble se laisser actuellement entraîner à abuser du système des permissions et des congés. Cette solution, à la fois nuisible à la discipline et à l'instruction, ne mérite-t-elle pas, quoique à un degré moindre, les reproches adressés au projet Knesebeck?

De son côté, le général Rüchel faisait valoir que : « l'emploi d'une milice en rase campagne n'était pas recommandable, à cause des manœuvres rapides des ennemis que la Prusse aurait à combattre. »

Ces justes critiques ne furent pas les seuls motifs de l'échec du major Knesebeck. « L'organisation militaire prussienne et l'économie de l'Etat — disait Rüchel — constituent un ensemble original que l'on doit respecter. Si l'on touche à un chaînon, toute l'énorme chaîne subira une commotion. » Ceci revenait à dire que le service personnel et obligatoire, admis en principe par le règlement du 12 février 1792, ne pourrait être mis en pratique sans porter atteinte aux privilèges des hautes classes et sans entraîner des réformes sociales et politiques dont on comprenait l'urgence, mais que personne n'osait encore entreprendre. Stein et Scharnhorst devaient résoudre ce grave problème sur les ruines de leur patrie.

En 1805, la France déclara la guerre à l'Autriche; l'empereur Napoléon rassembla son armée sur le Danube en violant hardiment le territoire prussien d'Anspach. La Prusse se sentit atteinte dans son orgueil national et le parti militaire engagea vivement le roi à venger cette injure. Qui pourrait dire le résultat qu'eût amené une intervention armée dans la vallée du Mein, alors que les forces françaises s'enfonçaient au cœur de l'Autriche?

Lorsque Frédéric-Guillaume III, sortant enfin de l'indécision qui était le propre de son caractère, se décida à agir, il était trop tard; M. de Haugwitz, envoyé de Berlin pour porter un ultimatum au conquérant, arriva juste à temps pour le féliciter de sa victoire.

La Prusse venait de laisser passer Austerlitz, comme la France devait laisser passer Sadowa. La conséquence de cette faute ne se fit pas longtemps attendre.

Les rapports diplomatiques avec la cour de Paris se

tendirent de plus en plus et la guerre devint imminente.

Conformément au plan établi par le général Rüchel, le roi se hâta de lever 78 bataillons de milice, qui furent groupés trois par trois pour former 26 brigades. Toutefois, les populations montrèrent si peu de zèle, que ces formations ne purent être achevées avant le début des hostilités. Seuls quelques bataillons étaient au complet en Silésie; ils furent aussitôt envoyés dans les forteresses; mais, comme ils étaient presque exclusivement composés de Polonais peu soucieux de verser leur sang pour leurs oppresseurs, ils ne rendirent aucun service.

La machine montée avec tant de soins par Frédéric-Guillaume Ier et perfectionnée après lui par Frédéric-le-Grand, avait ses rouages usés. Les officiers ayant l'expérience de la guerre avaient peu à peu disparu; ils ne s'étaient pas préoccupés de former des élèves, et leurs traditions s'étaient perdues. Frédéric-le-Grand avait vécu assez longtemps pour s'apercevoir lui-même de la décadence de cette armée qui lui tenait tant à cœur. « La plupart des soldats — écrivait-il en 1761 — ne sont plus que des soldats de parade et beaucoup d'officiers, en raison de leur incapacité, ne mériteraient même pas d'être employés dans un bataillon de milice. »

En 1806, désagrégée, manquant d'un chef capable, l'armée prussienne ne sut pas tirer parti de ce qui lui restait de force; sur 240.000 hommes qu'elle comptait à son effectif, 100.000 à peine furent utilisés en rase campagne; le reste courut s'enfermer dans les places fortes.

II

PROGRÈS DES INSTITUTIONS MILITAIRES DE LA PRUSSE DE 1806 A 1812

Situation de la Prusse après Iéna. — Scharnhorst. — Blücher. — York. — Hardenberg. — Stein. — Commission de réorganisation militaire. — Stein prend la direction générale des réformes. — Réorganisation de l'armée. — Le service obligatoire. — Moyen d'éluder les clauses du traité de Tilsit. — Projet provisoire d'organisation des troupes provinciales. — La landwehr. — La taxe militaire. — Réforme de l'instruction publique. — Création de l'université de Berlin. — Stein et Arndt sont exilés. — Mouvement militaire de 1809. — Le roi se décide à la guerre. — Menaces de Napoléon. — Projet de cession de la Silésie à la France. — Projet d'organisation des gardes bourgeoises.

« La bataille d'Iéna a lavé l'affront de Rosbach — écrivait Napoléon, le 15 octobre 1806 — et décidé, en sept jours, une campagne qui a entièrement calmé cette frénésie guerrière qui s'était emparée des têtes prussiennes. »

Profondément humiliée, anéantie, la Prusse fut contrainte d'approvisionner, à ses frais, l'armée française pendant une longue campagne d'hiver. Le traité de Tilsit lui fit perdre toutes ses provinces de la rive gauche de l'Elbe et 4.805.000 sujets. Après avoir dû abandonner une partie des territoires injustement arrachés à la Pologne, elle se vit imposer une indemnité de guerre de 120 millions de francs. L'effectif maximum de son armée fut fixé à 42.000 hommes, et les Français gardèrent en gage les places de Stettin, Küstrin et Glogau.

Que restait-il à la Prusse après cette débâcle? Il lui restait les débris d'une armée désireuse de réparer ses désastres, le souvenir réconfortant des gloires passées, toute une pléiade d'hommes d'action instruits par leurs propres revers et unis par le commun désir d'une prompte revanche.

Le général Scharnhorst, durant la dernière campagne, avait rempli les fonctions de chef d'état-major du duc de Brunswick; il avait pu se rendre compte des défauts de l'armée prussienne et la juger d'autant plus impartialement que, depuis cinq ans à peine, il avait quitté l'armée hanovrienne pour entrer dans ses rangs. Il était tout désigné pour présider aux réformes militaires. Blücher, York, Kleist, Bülow ne demandaient qu'à courir à de nouveaux combats. Blücher surtout, malgré ses 71 ans, était soucieux de répondre par des actes à ses détracteurs qui lui reprochaient, non sans quelque raison, d'avoir maladroitement conduit vers la Poméranie la retraite d'une partie de l'armée battue à Auerstädt et de s'être laissé prendre à Lübeck. Il partageait avec son confident, le général Gneisenau, une haine ardente contre les Français. Tous les officiers discutaient sur la nature des mesures à prendre. Chacun apportait son plan de réorganisation. Des gens qui n'appartenaient pas à l'armée cédaient à l'entraînement général et prétendaient, eux aussi, donner leur avis : ce qui avait pour effet d'irriter grandement le général York. Type accompli du vieil officier prussien, York considérait l'armée comme l'apanage intangible de ses chefs. Il ne voulait point entendre parler de tous ces conseillers qui, n'ayant jamais touché un fusil, prétendent en remontrer aux généraux vieillis sous le harnais. « Il estimait le savant lorsqu'il lui causait sciences; il écoutait volontiers le commerçant ou le financier lorsqu'ils développaient devant lui des questions relatives au commerce ou aux finances; mais tous lui paraissaient également insupportables lorsqu'ils voulaient déduire de lieux communs la façon d'exercer un soldat (1). »

Deux hommes d'égal talent, possédant des qualités différentes, se complétant l'un l'autre, allaient prendre en main la direction des réformes politiques, sociales et administratives.

Hanovrien comme Scharnhorst, Hardenberg était entré au service de la Prusse en 1791, et avait révélé ses talents de diplomate pendant la négociation du traité de Bâle (1795). En 1804, il avait reçu la direction des affaires étrangères, et ses 63 ans ne l'avaient pas empêché de devenir l'âme de la défense nationale durant la campagne de 1806-1807. Il avait exercé une véritable dictature et les résultats qu'il avait obtenus lui avaient valu la haine de Napoléon. Il avait dû se démettre de ses fonctions lors de la signature du traité de Tilsit, et s'était retiré à Riga pour y méditer, loin des agitations de la cour, sur les moyens de restaurer la monarchie. Stein, qui venait de prendre sa succession, était âgé de 56 ans. Il n'était point un nouveau venu dans la politique : il avait géré déjà les finances du royaume; mais son caractère entier et violent n'avait pu se plier aux indécisions de Frédéric-Guillaume III qui s'était brusquement séparé de lui, en janvier 1806. En reprenant le pouvoir, il apportait tout un programme de réformes administratives et financières.

L'histoire de tous les Etats montre que leur grandeur a toujours dépendu de l'organisation plus ou moins forte de leur puissance militaire. C'était la faiblesse de son armée qui avait entraîné la Prusse dans cette chute effroyable qui la mettait à deux doigts de sa perte; c'était

---

(1) Droysen. *Yorks Leben*, T. I, p. 205.

donc par l'armée qu'il importait de commencer les réformes.

Les forces militaires étaient réduites à bien peu de choses :

12 régiments d'infanterie (dont 1 de la garde);
6 bataillons de grenadiers;
3 bataillons de chasseurs (dont 1 de la garde);
12 compagnies de garnison provenant de la milice;
20 régiments de cavalerie (dont 1 des gardes du corps);
1 escadron de ulans de la garde;
3 brigades d'artillerie.

Ces corps, tous de faible effectif, se trouvaient disloqués dans les six provinces qui faisaient encore partie de la couronne. Ils devaient servir de noyau à la réorganisation de l'armée.

Il s'était établi deux courants d'opinions bien distincts. D'une part, les vieux officiers, esclaves de leurs préjugés, attachés à leur routine, s'obstinaient à défendre une organisation démodée, dernier vestige du règne glorieux de Frédéric-le-Grand, et dans laquelle ils voulaient voir l'unique moyen de salut. York était leur chef. A son avis, l'armée prussienne ne méritait pas les blâmes qu'on lui avait prodigués après ses désastres. Il recherchait la cause des défaites surtout dans l'incapacité notoire des généraux et l'insuffisance des méthodes d'instruction, mais il ne se montrait cependant pas l'ennemi de quelques rares réformes dans l'organisation.

D'autre part, les hommes clairvoyants pensaient avec Scharnhorst que les vices de l'organisation de l'armée avaient été l'une des principales causes des désastres de la Prusse; ils réclamaient des réformes radicales. A leurs yeux, l'organisation, la tactique, les méthodes d'instruction étaient des éléments si intimement liés qu'il était impossible de modifier l'un sans être obligé de modifier les autres.

Scharnhorst estimait que l'organisation nouvelle devait dépendre de l'usage que l'on se proposait de faire de l'armée. Son plan était de masser les forces prussiennes entre la Vistule et l'Oder et de s'appuyer sur les forteresses qui gardent ces deux fleuves, pour faire face à toute agression. Sur l'Oder : Stettin, Kustrin, Glogau; sur la Vistule : Danzig, Marienburg, Graudenz, offraient de solides points d'appui. Il proposait de réorganiser ces places, ainsi que celles de Pillau et de Kolberg, qui, en raison de leur situation maritime, pouvaient avoir une importance extrême, puisqu'elles favorisaient les relations avec l'Angleterre, puissance que l'on trouverait toujours hostile à Napoléon. Quant aux places de la Silésie, elles ne pouvaient être utiles que dans le cas peu probable d'une invasion de la monarchie par le Sud. L'économie dans l'emploi des ressources budgétaires de l'Etat et des forces militaires engageait à ne conserver dans cette province que les forteresses qui seraient jugées strictement nécessaires (1).

De ce plan de défense découlait naturellement l'organisation de l'armée destinée à l'exécuter.

« Comme, dans le cas d'une guerre, il serait utile d'occuper au moins quatre forteresses, il y a lieu de compter pour leur défense au moins douze bataillons, qui formeront les garnisons concurremment avec les bataillons de dépôt...

» Le reste de l'effectif de l'armée dépendra des ressources disponibles du pays. Une population de 5 millions d'âmes devrait pouvoir fournir une armée de 120

---

(1) Ce fut également sur la solide organisation des forteresses que reposa la défense de la France de 1871 à 1875.

à 150.000 hommes, en admettant que trois sur cent soient capables de porter les armes.

Cependant, la situation financière de l'Etat ne permet pas d'entretenir, dès le début, un effectif dans un tel rapport avec le chiffre de la population. Une force de 65.000 à 70.000 hommes serait, peut-être, un moyen terme convenable tenant compte à la fois de la double nécessité d'assurer l'économie des finances et la force défensive du pays (1). »

Scharnhorst avait trop l'expérience de la guerre pour espérer pouvoir tenir tête aux Français avec un si faible effectif; il rechercha donc un moyen de le renforcer au moment de la mobilisation. Il proposa de doter chaque compagnie d'un officier en surnombre, de renvoyer en congé une certaine quantité de soldats instruits, et de les remplacer par des recrues, suivant la méthode autrefois en vigueur dans l'armée de Frédéric-Guillaume Ier. Il estimait que, si chaque compagnie congédiait 20 hommes par an durant les trois premières années, et 10 pendant les années suivantes, on pouvait compter avoir, en 1810, une réserve de 17.000 hommes instruits et encadrés par 280 officiers de carrière.

Mais le grand mérite de Scharnhorst fut de comprendre que la guerre future serait une guerre nationale, que l'armée permanente ne pourrait soutenir sans être appuyée par la nation entière. C'était donc la nation qu'on devait instruire, organiser et armer, et, pour cela, il fallait revenir aux institutions qui, déjà une fois, avaient sauvé la Prusse après la bataille de Kollin.

Dans un mémoire adressé au roi le 21 juillet 1807, Scharnhorst proposa l'organisation d'une garde nationale ou « Landmiliz », dans laquelle seraient enrôlés tous les hommes que le « Kantonreglement » dispensait du

---

(1) Mémoire adressé au roi par le général Scharnhorst, 21 juillet 1807.

service actif. Cette troupe de seconde ligne, destinée à agir, le cas échéant, à côté de l'armée permanente, devait comprendre de l'infanterie et de la cavalerie ; elle devait être levée et entretenue aux frais des villes et des cercles. L'auteur du projet entendait même en maintenir une certaine partie à l'état permanent, pour en former des centres d'instruction, solution qui eût eu pour résultat de permettre aux troupes de ligne de se décharger du service de places, et de s'adonner exclusivement à l'instruction du tir et à la pratique du service en campagne.

Ces projets ne virent pas le jour : Napoléon venait de limiter l'effectif de l'armée prussienne à 42.000 hommes, et Frédéric-Guillaume III était incapable de prendre une décision sur les seuls conseils du général Scharnhorst, qu'il avait appelé depuis peu au ministère de la guerre.

Le monarque prussien réunit à Berlin une commission de réorganisation de l'armée, dont il confia la présidence à Scharnhorst. Ce n'était point là le moyen d'assurer des réformes radicales et rapides. Un pareil résultat ne saurait être recherché que dans l'action d'une volonté unique ; or, cette volonté faisait défaut à celui-là même qui, seul, avait le pouvoir de l'imposer. Livré aux intrigues de cour, Frédéric-Guillaume avait voulu satisfaire à la fois tous les partis, toutes les opinions, et il avait introduit dans la commission de réorganisation militaire des hommes aux idées les plus opposées et prêts à défendre avec d'autant plus d'ardeur leurs opinions personnelles, qu'ils pensaient tous être particulièrement approuvés par le roi. Ces oppositions constantes paralysèrent longtemps les efforts de Scharnhorst. Pour apaiser les discordes, il fallut l'énergique intervention de Stein, auquel le monarque venait enfin de confier la direction générale des réformes.

Tout en se déchargeant sur son premier ministre de la majeure partie de ses devoirs de souverain, le roi, fidèle à une tradition qui a toujours fait et fait encore la force des Hohenzollern (1), ne voulut pas se désintéresser de l'armée, et il prit lui-même l'initiative des réformes qu'il soumit à l'étude de la commission de réorganisation militaire.

Suivant l'exemple de Frédéric-Guillaume Ier, ce fut le corps d'officiers que le monarque voulut épurer d'abord. Tous les chefs qui avaient failli à leurs devoirs durant la dernière guerre furent impitoyablement exclus de l'armée et poursuivis devant les tribunaux militaires. Ceux qui étaient « invalides au point de vue physique ou au point de vue moral (2) » furent mis à la retraite. Enfin, et c'est là la grande réforme, les portes de l'armée furent largement ouvertes à tous : la noblesse perdit ses privilèges et le grade d'officier fut rendu accessible à ceux qui s'en montreraient dignes par leur courage et leur valeur. Ce sont les grands principes qui ont fait la force des armées de la Révolution française qui, à leur tour, triomphèrent en Prusse.

Toutes les dispositions datant de Frédéric-Guillaume Ier, qui voulaient que les emplois d'officier (sauf dans

---

(1) « Envoyé de Madrid à Berlin — écrit un général espagnol — nous fûmes frappé de l'assiduité avec laquelle le vieil empereur Guillaume s'occupait sans relâche de surveiller l'instruction de son armée. Comme nous lui en témoignions notre admiration, lors de son audience de congé, il nous dit : « Dites » bien à votre jeune souverain (Alphonse XII), que je ne sau» rais trop l'engager à s'occuper aussi attentivement de son ar» mée. Il faut que les généraux et officiers supérieurs sachent » qu'il les connaît personnellement, qu'il surveille et encourage » leurs efforts. Cette mission, ce labeur constant, est d'autant » plus important pour un souverain, qu'aujourd'hui le système » parlementaire tend de plus en plus à empiéter sur les droits » du chef de l'Etat envers son armée et à vouloir le séparer » d'elle. » (Général Pierron, *Méthodes de guerre*, T. I, p. 936.)

(2) Mémoire adressé par le roi à la commission de réorganisation militaire.

l'artillerie et les hussards) ne fussent accessibles qu'à la noblesse, furent abrogées.

L'infanterie reçut l'organisation rationnelle du bataillon à quatre compagnies de 170 hommes, proposée autrefois par le général Courbière, organisation qui avait de grands avantages au point de vue budgétaire, attendu qu'elle diminuait les cadres, tout en laissant au bataillon le même effectif que lorsqu'il comptait cinq compagnies (1).

Les fantassins furent exercés à tirer avec précision, « chose que jusqu'alors, ils n'avaient jamais voulu avoir à cœur (2) ».

La gestion administrative fût retirée aux capitaines, afin de leur permettre de s'adonner tout entiers à l'instruction et à la direction de leurs hommes.

L'artillerie dut réformer son ancien matériel trop lourd, et adopter un système d'affût et de caisson roulant plus facilement. Elle fut chargée d'atteler et de conduire elle-même ses pièces.

Les convois furent l'objet d'une réglementation sévère, et la réduction des bagages des officiers diminua considérablement les *impedimenta* (3).

Enfin, les châtiments corporels furent abolis; on ne les maintint que pour les soldats de deuxième classe (4).

Jusqu'ici, Scharnhorst avait vu triompher toutes les

---

(1) Cette réforme ne fut imitée par la France qu'après ses désastres de 1870-71.

(2) Mémoire adressé par le roi à la commission de réorganisation militaire.

(3) Sur ce point, la Prusse ne sut pas imiter jusqu'au bout les réformes accomplies par Napoléon Ier. Jusqu'en 1860, la conduite des convois demeura, chez elle, confiée à des réquisitionnaires; à cette époque seulement fut créé le train des équipages militaires, existant en France depuis 1807.

(4) En Prusse, de longue date, on a relégué dans une classe spéciale tous les mauvais soldats; c'est de cette classe qu'il s'agit ici.

réformes qu'il avait conçues ; mais ses propositions tendant à modifier le système de recrutement soulevèrent les plus vifs débats.

La loi de recrutement constitue comme le trait d'union entre les institutions militaires et les institutions civiles, entre l'armée et la nation ; elle est en rapport direct avec la situation politique de l'Etat, situation qui ne saurait être modifiée d'une façon sensible sans nécessiter des modifications parallèles dans la loi de recrutement. Cette relation intime entre les lois militaires et les lois civiles n'avait échappé ni à Scharnhorst, ni à Stein ; tous deux s'étaient entendus pour conduire dans le même sens les réformes qu'ils projetaient. Tandis que Scharnhorst réclamait le service personnel et obligatoire pour tous les Prussiens, Stein demandait l'égalité de tous les citoyens devant les lois et l'abolition des privilèges. La lutte se trouvait engagée contre la noblesse et la haute bourgeoisie. Le triomphe ou l'échec des réformes sociales devait entraîner le triomphe ou l'échec des réformes militaires.

La stricte observation des clauses du traité de Tilsit, limitant l'effectif de l'armée prussienne à 42.000 hommes, n'excluait nullement, en Prusse, la proclamation du service militaire personnel et obligatoire, puisque cette puissance demeurait libre de réduire la durée du service actif et pouvait ainsi faire passer sous les drapeaux un grand nombre d'hommes sans dépasser l'effectif maximum déterminé par l'empereur Napoléon.

York se montrait partisan de cette réforme : « Je suis convaincu — disait-il — que les Français sont las de faire la guerre ; mais lorsqu'il y est obligé, ce peuple se bat bravement ; car, chez lui, chaque homme est mû par un sentiment d'honneur qui lui est propre, et a la notion de la fierté nationale. Malheureusement, il n'en est pas ainsi chez nous. Notre système de recrutement est faux ; je l'ai déjà dit souvent et ne cesserai de le répéter (1). »

Stein posait la question d'une façon bien nette :

« On décrétera que tous les citoyens de 18 à 25 ans sont tenus de servir dans l'armée de ligne, *suivant la désignation du sort;* que tous ceux qui ne sont pas appelés, soit parce qu'on n'a pas besoin d'eux dans l'armée de ligne, soit parce qu'ils ont dépassé la limite d'âge fixée pour le service, soit parce qu'ils sont dispensés en raison de leur profession, sont soumis au service dans l'armée de réserve (2). »

La commission adopta en principe cette proposition, mais se montra hostile à la désignation par la voie du tirage au sort. Une telle solution entraînait, en effet, l'égalité de tous les citoyens devant la loi ; or ni la noblesse, ni la riche bourgeoisie n'entendaient abandonner leurs privilèges. L'opposition énergique que les hautes classes faisaient aux réformes sociales de Stein dictait à la commission militaire sa ligne de conduite. Elle fut donc amenée à rechercher un autre moyen de séparer de la masse des hommes reconnus propres au service l'effectif nécessaire au recrutement des troupes permanentes.

Le conseiller privé des finances von Schön, ami et confident de Stein, faisait ressortir tous les inconvénients des diverses solutions successivement proposées.

Devait-on prendre pour base la situation de fortune ? « Si les gens aisés entrent dans la milice — objectait Schön — et si les pauvres seuls font partie de l'armée permanente, il y a lieu de craindre que cette solution ne déconsidère les troupes permanentes aux yeux de la

---

(1) *Yorks Leben*, v. Droysen, p. 287.
(2) Lettre à Scharnhorst, 5 janvier 1808.

milice. L'homme dans l'aisance est, en général, enclin à considérer les hommes moins fortunés que lui ou les pauvres comme des êtres d'essence inférieure. »

Devait-on laisser à l'autorité militaire le soin de choisir ? « Alors, — observait Schön, — tout dépendra de la décision des hommes, et, aussi longtemps que les hommes seront hommes, les conséquences de la faiblesse humaine se feront sentir. »

La commission se trouvait ramenée à la seule méthode vraiment juste : le tirage au sort; or, c'était justement celle qu'elle ne voulait pas adopter. Finalement, en dépit des insistances de Scharnhorst, elle se décida à maintenir le « Kantonsystem » avec tous ses errements et ses privilèges.

Au reste, la commission reprit le projet que le général de Courbière avait présenté avant la guerre, mais en le modifiant de façon à le rendre plus conforme à la nouvelle situation que le traité de Tilsit avait faite à l'armée. C'est ainsi que l'idée de congédier les hommes instruits avant la fin de leur temps de service, pour les remplacer dans le rang par un nombre égal de recrues, reçut une large application. Chaque compagnie dut donner au minimum cinq congés par mois. De fait, le service actif se trouva réduit à deux ans. Grâce à cette disposition, l'armée permanente pouvait se créer une nombreuse réserve sans éveiller les soupçons de l'empereur Napoléon.

Au moment d'une mobilisation, chaque régiment devait comprendre :

1° L'effectif normal fixé par le roi;

2° Les hommes en congé rappelés sous les drapeaux;

3° Une réserve supplémentaire de 20 hommes par compagnie pour subvenir aux déchets qui se produisent toujours lors des incorporations;

4° Un dépôt;

5° Les « Krümper (1) » exercés existant dans les Kantons.

En raison de la réduction des effectifs imposée par Napoléon, et en dépit des dispositions que nous venons de relater, la possibilité de mettre sur pied une forte armée de première ligne, dès le début d'une campagne, devenait de plus en plus aléatoire; par contre, l'idée d'armer la nation tout entière faisait un grand pas.

Scharnhorst reprit avec ardeur ses anciennes propositions, qu'il développa en détail dans son *Projet provisoire d'organisation des troupes provinciales* (2). Ce fut le premier projet de landwehr que posséda la Prusse après Iéna.

Dans un court préambule, destiné à bien marquer la nature de la nouvelle institution projetée, le ministre de la guerre s'exprimait comme il suit : « Les Etats moyens peuvent pourvoir à la défense de leur territoire en employant (en surplus de l'armée permanente) toute la masse des hommes capables de porter les armes, à la condition qu'ils les aient, au préalable, exercés à manier ces armes, qu'ils les aient pourvus des moyens de combat nécessaires, et qu'ils leur aient inculqué la discipline militaire indispensable. »

Procurer à la landwehr les moyens de combat néces-

---

(1) Les Prussiens désignaient sous le nom de « Krümper » les réservistes en surnombre de l'effectif nécessaire à la mobilisation des corps et demeurant à la disposition du ministre pour combler les vacances qui viendraient à se produire dans l'armée permanente, ou servir éventuellement à la formation de nouvelles unités. Beaucoup de Krümper n'avaient reçu qu'une instruction très sommaire. Afin de ne pas éveiller l'attention de l'ambassadeur de France, ils avaient été appelés comme ouvriers à l'exécution de travaux militaires tels que les ouvrages de fortification nécessités par la réorganisation des places fortes, et on leur avait donné secrètement une ébauche d'instruction.

(2) « Vorläufige Entwurf der Verfassung der Provinzial-Truppen. »

saires, ce n'était qu'une affaire de temps et d'argent ; d'ailleurs, la réduction de l'armée permanente imposée par Napoléon était, à ce point de vue, avantageuse pour l'Etat prussien, attendu que, « par le fait qu'il aura moins de dépenses à faire pour l'entretien de son armée, il pourra se procurer plus vite le matériel de guerre qui lui manque et revenir plus vite dans une situation plus forte (1). »

Quant à la manière d'instruire la landwehr et de lui inculquer la discipline militaire, deux méthodes se présentaient.

La première consistait à faire passer les landwehriens dans l'armée active, qui deviendrait ainsi la grande école militaire de la nation. On ne pouvait adopter ce système sans accroître démesurément les effectifs, chose interdite, ou sans abaisser considérablement la durée du service déjà réduite à deux ans ; ç'eût été faire de toute l'armée une milice.

La seconde méthode, à laquelle la commission se rallia, consistait à faire de la landwehr une armée tout à fait indépendante de l'armée de ligne. Les récents événements semblaient avoir réveillé le sens patriotique de la nation, et il ne dépendait que du monarque d'exploiter et de fortifier encore ce que nous appellerions aujourd'hui cet « état d'âme » de son peuple, en lui imposant la confiance et en méritant son dévouement. On pouvait espérer que les particuliers, les villes, les cercles et les provinces accepteraient sans difficulté la tâche de lever et d'entretenir à leurs frais la landwehr : ce qui serait une forte économie pour le budget mal équilibré de l'État.

L'instruction serait donnée facilement par des offi-

---

(1) « Vorläufige Entwurf der Verfassung der Provinzial-Truppen. »

ciers et des sous-officiers pris, au besoin, dans l'armée permanente. Quant à l'esprit militaire, il naîtrait, pensait-on, de ce fait même que le landwehrien saurait qu'il s'imposait librement un sacrifice pour la régénération de la patrie.

Cette méthode offrait d'ailleurs sur la précédente l'avantage incontestable de constituer immédiatement une landwehr, qui n'eût pu être organisée que fort tardivement si on eût eu recours au passage préalable dans l'armée permanente. Elle répondait donc aux nécessités d'une situation sans cesse tendue.

Scharnhorst proposait, en conséquence, de décomposer le contingent annuel en trois catégories :

1° Les engagés volontaires ;

2° Les hommes âgés de 19 à 31 ans, inscrits dans les « Kantons » et n'ayant pas la fortune nécessaire pour s'habiller, s'équiper et s'entretenir à leurs frais ;

3° Les hommes pouvant, dans les mêmes conditions, s'imposer cette charge.

L'armée de ligne devait comprendre la première catégorie et le plus grand nombre possible d'hommes de la seconde. La landwehr devait se composer du reliquat mais surtout, en principe, d'hommes de la troisième catégorie. Ces derniers, en effet, en raison de leur situation sociale, de leur instruction, de leur éducation, étaient particulièrement aptes à s'assimiler rapidement les connaissances militaires.

La formation de la landwehr devait s'effectuer au moyen d'engagements volontaires, et, en cas d'insuffisance, par voie de tirage au sort.

A nous, Français, imbus du principe de l'égalité devant la loi, le projet de Scharnhorst peut paraître injuste ; mais nous devons reconnaître qu'il était parfaitement approprié aux circonstances, et le peuple prussien devait l'accepter avec d'autant plus de facilité qu'il était habitué de longue date à ne point récriminer contre les privilèges.

Toutes ces concessions, Scharnhorst les avait faites, à regret, pour mettre son projet de loi sur le recrutement en rapport avec la situation politique du pays que Stein n'avait pu modifier dans un sens plus libéral. Cependant le ministre de la guerre rechercha, dans l'établissement de taxes militaires, un moyen de compenser le privilège accordé aux classes riches de ne pas servir dans l'armée permanente. Parmi les obligations imposées au landwehrien appelé sous les drapeaux, nous trouvons en effet la suivante :

« Verser 100 thalers dans la caisse des troupes provinciales. Cette somme sera rendue à la libération de l'homme... Elle sera remise à l'Etat qui en fournira un intérêt de cinq pour cent. Les intérêts serviront à couvrir les dépenses extraordinaires faites pendant les périodes d'instruction. L'argent de ceux qui mourront sera versé dans la caisse des invalides des troupes provinciales. »

L'organisation et le fonctionnement de la caisse des troupes provinciales devait avoir pour effet de remédier quelque peu à la situation désastreuse des finances du pays.

Comme Scharnhorst projetait d'employer la landwehr à côté de l'armée permanente, il était naturel qu'il lui donnât une organisation en tous points calquée sur celle de cette dernière. Les compagnies devaient être groupées, par province, en bataillons, régiments et brigades, le tout formant une division (1) placée sous la haute direction du général commandant le corps d'armée per-

---

(1) L'armée prussienne n'était organisée que par brigades. Le roi avait proposé l'organisation de divisions territoriales copiées sur celles de la France. Cette organisation, adoptée en principe, ne fut jamais mise en pratique. En 1813, le corps d'armée prussien mobilisé ne comprenait que des brigades.

manent stationné dans la province. Le ministre prévoyait, de plus, l'organisation d'une cavalerie de landwehr; quant à l'artillerie, elle devait être fournie, au moment du besoin, par l'armée permanente.

Pour l'instruction, les troupes provinciales devaient être réunies annuellement pendant quatre semaines. « Pour la première formation, — ajoutait Scharnhorst — les exercices dureront plus longtemps et pourront atteindre deux mois par an, lorsque le commandant des troupes provinciales le jugera nécessaire. »

C'était bien mal connaître Napoléon que de croire qu'il permettrait à la Prusse d'accroître ses forces militaires en créant des milices exercées. Les appels ne purent jamais s'effectuer, et il fallut se borner à organiser la landwehr sur le papier. Le point le plus délicat de cette organisation était la constitution des cadres, lesquels devaient être d'autant plus solides que les troupes se trouvaient sans instruction. Scharnhorst pensait pourvoir aux emplois d'officiers supérieurs au moyen de promotions et de mutations faites de l'armée permanente dans la landwehr, ainsi que par le rappel à l'activité d'officiers retraités ou démissionnaires. Quant aux officiers subalternes, ils devaient être recrutés parmi des volontaires appartenant aux hautes classes de la société, qu'il importait de préparer, dès le temps de paix, à ce rôle important. C'était là une des plus graves préoccupations de Scharnhorst qui s'en ouvrait à Stein :

« Le projet que la commission de réorganisation a établi au sujet de l'organisation de la milice nationale et de l'armée permanente — lui écrivait-il — entraîne une réorganisation générale de l'Etat prussien, au point de vue militaire, aussi bien dans les hautes que dans les basses classes. Ces dernières n'ont pas besoin d'autre instruction que celle qui est donnée d'après le plan constitutionnel; mais il en est tout autrement des premières.

Les hautes classes, d'après leurs propres moyens, ne peuvent entrer dans la chaîne sociale à la place que leur instruction, leur situation leur assignent, sans avoir, au préalable, été préparées au service militaire.

» Les anciens instituts d'instruction ne pourront certainement jamais atteindre ce but final; ils sont seulement destinés à former une partie des cadets de l'armée permanente, et, du reste, ils sont fort mauvais tels qu'ils existent aujourd'hui.

» Pour ces motifs, la commission de réorganisation croit qu'il pourrait être utile *de donner à l'enseignement dans les écoles de l'Etat une direction militaire, de façon que ces écoles pussent être, pour ainsi dire, des écoles préparatoires pour les sous-officiers et les officiers* (principalement de la milice), sans perdre pour cela leur destination actuelle.

» Il serait donc désirable :

» 1° Qu'on enseignât plus de mathématiques qu'autrefois;

» 2° Qu'une discipline toute militaire fût introduite dans chaque école et que, dans les hautes classes, l'esprit de la discipline et des lois militaires fût expliqué;

» 3° Que chaque école eût son maître d'exercice et que, pendant les heures de récréation, les élèves fussent formés au maniement des armes. Que chaque école fût organisée en compagnies, choisissant leurs capitaines, etc..., et apprît, sous la direction de ses officiers, à une échelle réduite, l'application des principes de la discipline militaire;

» 4° Que, pour récréer les élèves, chaque école pratiquât certains exercices corporels ayant trait à la guerre et à l'endurcissement du corps, tels que la lutte, la natation, la voltige, etc...

» Ces pensées, au sujet de l'exécution desquelles la commission sollicite les conseils et la direction de Votre

Excellence, ne sont qu'indiquées dans leurs grandes lignes. Dans le cas où la chose pourrait être considérée comme applicable, il y aurait lieu de poser les questions suivantes :

» Ces écoles ne pourraient-elles pas fournir tout ce qui serait nécessaire pour donner l'enseignement militaire ?

» Au lieu des instituts de cadets, ne pourrait-on pas établir, dans les hautes écoles des trois villes principales du royaume, un certain nombre de pensionnaires qui seraient pris parmi les enfants orphelins d'officiers, ou parmi ceux de la noblesse pauvre, ou des officiers sans fortune, en réservant la préférence aux premiers ? »

En marge de cette lettre, Stein écrivit la réponse de sa propre main :

« Dans toutes les écoles des villes, on pourra prendre des dispositions pour mettre en pratique la connaissance de l'emploi des armes et des mouvements militaires. *On exigera plus d'habitude de propreté, d'ordre et d'obéissance.*

» Pour ce qui est de l'instruction des exercices gymnastiques dans les écoles, on a fait beaucoup à Schnepfenthal, et ces mesures pourraient devenir générales. »

C'était une véritable réforme universitaire que réclamait Scharnhorst et que Stein, de son côté, allait défendre devant le roi. Il était urgent de donner à cette importante question une solution, qui devait peser d'un si grand poids dans la destinée de la nation ; mais, pour cela, il fallait vaincre l'inertie naturelle du monarque, et ce ne fut qu'en 1809 que Guillaume de Humboldt, placé depuis peu à la tête du ministère de l'instruction publique, réussit à arracher à Frédéric-Guillaume les décrets de juillet et d'août, créant l'Université de Berlin. Cette Université, devenue bien vite le centre intellectuel de toute la Prusse, se conforma pleinement au programme patriotique qui lui était imposé et prépara la jeunesse à s'armer pour la guerre de Délivrance (1).

Des événements inattendus surgirent avec l'année 1809. Les projets de réforme de Stein avaient inquiété Napoléon, qui intima au roi de Prusse l'ordre de se séparer de son chancelier. Stein prit le chemin de l'exil (janvier 1809), et ses biens furent confisqués. Frédéric-Guillaume remit la direction des affaires au ministère Altenstein-Dohna (2).

Tandis que ces changements s'opéraient à l'intérieur, à l'extérieur la guerre devenait imminente entre l'Autriche et la France. La Prusse devait-elle jeter son épée dans l'un des plateaux de la balance ? En dépit des progrès réalisés, le moment ne semblait point venu pour elle de jouer sa destinée.

L'opinion publique réclamait la guerre : la prudence commandait la paix. Le roi pencha vers la prudence et cette décision acheva d'indisposer contre lui la noblesse, qui avait vu avec dépit le souverain suivre docilement son premier ministre, Stein, dans la voie des réformes sociales et politiques (3).

Le départ de Stein avait indisposé le peuple. Quant à l'armée, elle avait été émue par l'exécution de réformes

---

(1) Depuis le règne de Frédéric-le-Grand, les écoles primaires étaient pour la plupart dirigées par d'anciens sous-officiers retraités comme invalides; à défaut de science, ils enseignaient à la jeunesse le respect du roi et de la discipline. Voilà comment le maître d'école prussien prépara Leipzig ; voilà comment il devait préparer Sadowa et Sedan.

(2) M. G. Cavaignac a fort bien exposé, dans la *Revue des Deux-Mondes* (1er mars 1894), les réformes accomplies par le ministère Altenstein-Dohna.

(3) Une ordonnance du 9 octobre 1807 avait aboli la servitude de la glèbe et établi la liberté de possession. Une ordonnance du 19 novembre 1808 avait créé des municipalités électives. Pour être électeur, il fallait remplir certaines conditions de cens, mais aucune condition de naissance ni de culte. Stein avait réclamé vainement l'abolition des autres privilèges.

utiles, notamment le renvoi d'un certain nombre d'officiers et le licenciement de quelques régiments dont la conduite, en 1806, n'avait pas été des plus exemplaires. Elle témoignait hautement son mécontentement d'une politique qui la tenait éloignée du champ de bataille; ses chefs étaient impatients de venger l'affront d'Iéna. Le vieux Blücher, surtout, se faisait l'écho des récriminations, et parlait « d'aller porter ailleurs, au service de la patrie opprimée, ce qui lui restait de forces (1) ».

Frédéric-Guillaume demeura sourd aux prières comme aux menaces; il persista dans sa résolution de garder la neutralité.

Cependant la nation s'était peu à peu détachée de son souverain; les esprits étaient surexcités à ce point que Goltz pouvait écrire à la reine Louise : « Si le roi hésite plus longtemps à prendre la résolution que l'opinion publique réclame et à déclarer la guerre à la France, une révolution éclatera infailliblement (2). »

Goltz s'était montré trop pessimiste; la révolution n'éclata pas : elle se réduisit à un simple mouvement militaire.

La Prusse, comme toute l'Allemagne, était soumise à l'influence occulte et puissante de nombreuses sociétés secrètes dont la principale, le *Tugendbund*, comptait des affiliés jusque dans l'armée. La proclamation du 6 avril, par laquelle l'Autriche convoquait les peuples allemands à prendre les armes pour la sauvegarde de leurs libertés, avait soulevé partout la plus vive agitation.

Tandis qu'en Westphalie le colonel Dörnberg, de la garde du roi Jérôme, essayait vainement d'entraîner ses troupes à l'insurrection et de livrer Cassel aux paysans révoltés (20 avril), le major prussien Schill, le héros de

---

(1) Lettre à Götzen, 14 juin 1809, citée et traduite par M. G. Cavaignac. *Revue des Deux-Mondes*, T. 122, p. 126.
(2) Lehmann, *Scharnhorst*, II, p. 126. Ibidem.

la défense de Kolberg en 1807, quittait Berlin à la tête de 500 cavaliers de son régiment (21 avril). Renforcé par 300 fantassins, Schill marcha sur Magdebourg, avec l'intention de s'emparer de cette place qu'il savait être faiblement gardée. La contenance énergique du général français Michaud ayant fait échouer son projet, il courut s'enfermer dans Stralsund... Blâmé par son souverain, proclamé déserteur, abandonné par la plupart de ses hommes, l'imprudent major, dont la tête avait été mise à prix par le roi Jérôme, se fit bravement tuer dans une sortie. Ses quelques compagnons demeurés fidèles furent passés par les armes ou enfermés au bagne de Toulon (31 mai).

Pour avoir été moins tragique, l'issue de l'entreprise conduite par le duc de Brunswick n'en fut pas moins malheureuse. Fils du général qui avait commandé à Valmy les troupes prussiennes, et qui fut tué à Auerstädt, le 14 octobre 1806, le duc de Brunswick-Oels était l'un des membres les plus influents des sociétés secrètes; il était très populaire en Allemagne, surtout depuis que Napoléon l'avait dépossédé de ses biens. Le duc avait réussi à former, en Bohème, sous le nom de *légion noire*, un corps de partisans avec lequel il projetait de seconder les efforts de Dörnberg et de Schill. Lorsqu'il pénétra en Lusace, le 14 mai, il était trop tard : Dörnberg et Schill avaient déjà échoué. Il erra jusqu'en juillet à travers l'Allemagne et réussit à sauver les 1.800 hommes qui lui restaient encore, en les embarquant sur des vaisseaux anglais. Ces diverses tentatives demeurèrent infructueuses parce que la Prusse, la seule puissance qui pût les appuyer, ne répondit pas à l'appel des patriotes allemands. La folle équipée de Schill n'eut d'autre résultat que de compromettre un certain nombre d'officiers et de provoquer chez le roi une violente colère. L'ombre de Frédéric-le-Grand dut frémir dans sa tombe; mais ce fut, peut-être, un frémissement de joie. Le coup de tête de Schill et l'enthousiasme qu'il avait provoqué dans le peuple n'étaient-ils pas un indice certain que le sentiment du patriotisme s'éveillait au cœur de la nation, et que l'armée, pleine de force et d'ardeur, était prête à accomplir de grandes choses? Toutes ces passions que Frédéric-Guillaume voulait comprimer, ne serait-il pas heureux de pouvoir les utiliser un jour? (1).

Scharnhorst, lui-même, avait fini par céder à l'entraînement général et demandait la guerre. Sous la pression de toutes ces influences, le roi se détermina enfin à modifier sa politique, autant par manque d'énergie que par crainte de perdre sa couronne. La prédiction de Goltz, suivie d'un commencement de réalisation, avait effrayé le monarque. Il accepta l'alliance de l'Autriche et donna l'ordre de suspendre le paiement de la contribution de guerre imposée par la France; mais il était trop tard et la victoire de Wagram vint mettre un terme à ces velléités belliqueuses. Ce changement de conduite n'eut d'autre résultat que de compromettre la Prusse vis-à-vis de Napoléon.

L'Empereur, auquel Frédéric-Guillaume venait de livrer si maladroitement le secret de ses sentiments intimes, profita de la circonstance pour effrayer le cabinet de Berlin. Il réclama le paiement de tout l'arriéré de l'indemnité de guerre. Comme la Prusse alléguait le mauvais état de ses finances, elle fut invitée à faire des économies en diminuant encore l'effectif de son armée, ou à se libérer en cédant une partie de son territoire. Cette réclamation sentait la poudre; elle affola le gou-

---

(1) Aujourd'hui, Schill est vénéré à l'égal d'un héros, d'un martyr national; le 4e régiment de hussards porte son nom et, chaque année, le 6 janvier, la Prusse célèbre la fête de son anniversaire.

vernement prussien qui, à l'unanimité, proposa au roi de livrer la Silésie à la France.

M. G. Cavaignac a reproché sévèrement aux ministres prussiens d'avoir même pu songer à une solution qui portait si gravement atteinte à l'intégrité du territoire. A première vue, en effet, on peut être étonné de trouver la signature de Scharnhorst au bas d'une telle proposition. Mais il faut, avant toute chose, considérer la situation faite à la Prusse par l'incohérence de sa politique extérieure : on conviendra alors que la cession de la Silésie constituait pour la monarchie prussienne le seul et unique moyen de se tirer d'un mauvais pas.

La Silésie, conquise par Frédéric-le-Grand en 1742, était la province la moins ancienne de la couronne; habitée en grande partie par une population d'origine slave, elle n'était point attachée à ses nouveaux maîtres; sa position excentrique rendait sa défense difficile; sa cession, enfin, ne modifiait en rien ni les projets d'organisation, ni le plan de campagne de Scharnhorst, qui pensait l'évacuer au moment d'une guerre, pour concentrer ses forces au cœur même de la vieille Prusse. Pour toutes ces raisons, nous ne serions pas éloigné de croire que le ministre de la guerre ait été le principal promoteur de la proposition.

Donner de l'argent à la France, la triste situation financière de la Prusse ne le permettait pas. Diminuer encore l'effectif de l'armée permanente, c'était renoncer pour toujours à recouvrer l'indépendance, si chère au cœur des patriotes. Il fallait donc céder la Silésie puisque c'était l'unique solution qui ménageât l'avenir.

Comme tous les esprits faibles, Frédéric-Guillaume crut réparer ses fautes en s'emportant contre ceux qui le servaient. Il congédia ses ministres, sauf, cependant, Scharnhorst; le monarque comprenait, en effet, que des variations ministérielles seraient funestes à l'armée, le dernier espoir du pays.

Les événements que nous venons de rapporter absorbèrent l'année 1809 et une partie de 1810, arrêtant net les réformes militaires et sociales entreprises en Prusse. La redoutable intervention de Napoléon fit table rase des projets de Scharnhorst, dont le roi n'osa pas entreprendre l'exécution dans la crainte de susciter le mécontentement de celui qui était l'arbitre de l'Europe. L'Empereur, de son côté, cessa de faire valoir ses revendications.

Voyant la mise à exécution de la loi sur la landwehr définitivement ajournée pour des raisons diplomatiques, Scharnhorst ne se rebuta point et résolut de parvenir au même but par un autre moyen. A la fin de 1809 et au commencement de 1810, il s'efforça de former partout des « gardes bourgeoises » (Burgergarden), qui, sous prétexte de maintenir l'ordre dans les villes, devaient constituer de véritables corps de troupes prêts à répondre au premier appel de l'armée. C'était un retour à sa première idée des détachements de landwehr permanents. Il favorisa les sociétés de gymnastique et de tir.

Une nouvelle intervention de la diplomatie française, désormais tenue en éveil, fit encore échouer cette tentative. Le ministre de la guerre dut se borner à étendre autant que possible les dispositions prises pour assurer le renforcement de l'armée permanente, et à travailler secrètement à un plan spécial de levée en masse.

III

COUP D'ŒIL D'ENSEMBLE SUR LA SITUATION GÉNÉRALE DE LA PRUSSE EN 1813

Situation précaire de la Prusse. — Hardenberg. — Réforme financière. — Réforme administrative. — Les Etats provinciaux. — Les cercles. — Les communes. — Edit de gendarmerie. — Le passage des colonnes françaises en 1812. — La famine. — Impression produite par les premières nouvelles des désastres des Français.

Avant d'aborder l'étude détaillée du développement de la puissance militaire de la Prusse pendant l'année 1813, il est utile de jeter un coup d'œil d'ensemble sur la situation générale de cette monarchie au moment où va commencer pour elle la guerre de Délivrance.

Réduite à la moitié de l'étendue de son territoire, écrasée par les contributions de guerre et les réquisitions imposées au cours de la campagne de 1807, courbée sous la main de fer de son vainqueur, la Prusse semblait à jamais perdue. Son commerce était anéanti par le blocus continental; ses fabriques étaient désertes, son sol inculte, ses finances ruinées, et bien faible le crédit de son gouvernement. Les propriétaires ruraux voyaient chaque jour décroître leurs revenus. L'augmentation du prix des denrées devenues plus rares créait dans les classes pauvres la plus affreuse misère.

La désolation était complète. En Ermeland, sur les rives de l'Alle et de la Passarge, il se trouvait encore des localités désertes depuis 1807, où aucune maison n'avait été reconstruite. L'herbe poussait sur les emplacements de villages autrefois prospères qui n'avaient pu se relever de leurs ruines. Plus des trois quarts des habitants étaient morts ou disparus, chassés par la misère et par la faim. La seule province de Prusse orientale avait perdu 65 millions de thalers et 168.663 chevaux.

Nous avons dit ce qu'avaient été pour la monarchie les années 1809 et 1810, années d'agitations et de troubles à l'intérieur, de maladresses diplomatiques et d'humiliations à l'extérieur. C'est dans ses conditions que, le 4 juin 1810, Hardenberg avait repris la direction de la politique prussienne. Esprit éclairé et ouvert au progrès, à la fois intrigant, habile et énergique, le nouveau chancelier était l'homme de la situation. Il était arrivé au pouvoir avec des idées bien arrêtées sur les réformes à accomplir, et tout son programme pouvait tenir dans cette phrase d'un rapport qu'il venait d'adresser au roi : « Des principes démocratiques dans un gouvernement monarchique. ».

Le cadre de cette étude ne nous permet pas de nous étendre sur l'œuvre de réorganisation politique accomplie par Hardenberg, œuvre que M. G. Cavaignac a d'ailleurs analysée avec beaucoup de compétence (1). Nous nous bornerons à jeter un coup d'œil rapide sur les réformes financières, corollaire indispensable des réformes militaires.

L'argent manquait à Scharnhorst pour achever les préparatifs militaires. Il fallait approvisionner les magasins sinon en vêtements, du moins en vivres et en munitions, toutes choses coûteuses. Ce que ni Stein, ni Altenstein n'avaient pu faire, Hardenberg espérait le réaliser en empruntant à la France une organisation financière que, tout récemment, la Westphalie venait d'ap-

---

(1) *Revue des Deux-Mondes.* T. 127.

pliquer avec succès. Il fit la guerre aux privilèges et voulut supprimer les nombreuses exemptions d'impôt qui faisaient porter sur le peuple toutes les charges de l'Etat. Comme ses devanciers, il se heurta à l'hostilité de la noblesse. Augmenter l'impôt foncier était chose difficile : les propriétés foncières étaient déjà fortement taxées, leur revenu était faible et la plupart étaient grevées d'hypothèques; le Trésor avait donc peu de ressources à attendre de ce côté. Quant à l'impôt des patentes que Hardenberg essayait d'acclimater en Prusse, quels résultats pouvait-on en attendre dans un pays où le commerce était totalement ruiné ? Le chancelier dut se rejeter sur les contributions indirectes; la viande de boucherie, la bière, l'eau-de-vie, les céréales, les farines mêmes, furent sévèrement taxées. Si ces dispositions eurent pour effet de fournir à Scharnhorst quelques subsides pour achever d'approvisionner les arsenaux et de réorganiser les forteresses, elles eurent aussi pour conséquence de compléter l'œuvre néfaste de la guerre, en consommant la ruine des classes pauvres, réduites bientôt à la famine (1).

Des réformes agraires et des luttes contre la noblesse nous ne dirons rien, nous bornant à considérer uniquement la situation administrative de la Prusse, qu'il est utile de connaître pour bien comprendre les événements que nous allons exposer.

La Prusse était divisée en six provinces ayant chacune une représentation particulière, constituée par des Etats provinciaux.

Les Etats provinciaux se composaient de députés de la noblesse rurale (Rittergutsbesitzer), des propriétaires

---

(1) Devant ces résultats désastreux, Hardenberg dut supprimer l'impôt sur les farines. (Edit du 18 septembre 1811.)

libres (Freie-Grundbesitzer) (1), des propriétaires urbains, et, enfin, des paysans; les diverses classes de la monarchie s'y trouvaient donc représentées. Ces Etats ne se réunissaient que lorsque leur présence était utile pour débattre des intérêts concernant la province; durant leurs vacances, un comité permanent était chargé d'expédier les affaires courantes. Le président appartenait à l'ordre de la noblesse et remplissait non seulement le rôle de directeur des débats, mais encore celui de commissaire du gouvernement.

La province était divisée en cercles, ayant à leur tête un « *Landrath* », sorte d'intermédiaire officieux entre l'Etat et l'aristocratie locale dont il faisait généralement partie (2). Les affaires des villes étaient gérées par une municipalité élective, sous la direction d'un *Bürgermeister*, ou maire.

En reprenant le pouvoir, Hardenberg avait été frappé des inconvénients que le particularisme provincial pouvait avoir pour la Prusse, au moment où cette puissance avait surtout besoin d'unité et de cohésion. Il voulut doter son pays d'une administration centralisée, analogue à celle qui, sous la direction énergique de Napoléon, venait de conduire la France à l'apogée de sa puissance. Il essaya de donner au « *Landrath* » une action effective sur l'administration du cercle, d'en faire une sorte de préfet exerçant son autorité même sur la noblesse (2), et, pour appuyer cette autorité il créa une force publique, une gendarmerie (3).

Toutes ces tentatives échouèrent devant l'opposition

---

(1) On les désignait plus communément sous le nom de « Köllmer ».
(2) « Le ministère de Hardenberg », G. Cavaignac. *Revue des Deux-Mondes*. T. 140.
(3) Edit de gendarmerie, 30 juillet 1812.

de la noblesse; elles eurent cependant pour résultat de doter le pays d'un corps de gendarmes, soldats d'élite appelés à rendre dans la suite les plus grands services.

Un timide essai de représentation nationale ne fut pas plus heureux. En février et septembre 1811, le chancelier convoqua une sorte de parlement composé de députés désignés par l'administration et répondant d'ailleurs beaucoup moins au désir de consulter la nation qu'à la nécessité de créer « des intermédiaires chargés d'expliquer au pays la volonté du gouvernement et le but de ses efforts, ainsi que de calmer l'irritation soulevée par l'application de mesures fiscales sévères mais utiles » (1). Frédéric-Guillaume, jaloux de son pouvoir absolu, se défiait des Parlements; cet essai ne fut plus renouvelé.

L'échec de Hardenberg dans ses tentatives de centralisation devait être favorable à la Prusse; nous verrons, dans la suite, que la décentralisation permit d'organiser rapidement les forces populaires.

Telle était, dans ses grands traits, la situation de la monarchie prussienne, lorsque, en 1812, elle se vit imposer la nouvelle humiliation de servir sous les drapeaux de ses vainqueurs. A partir des premiers jours de mai, une armée de 300.000 hommes traversa son territoire épuisé. Plus de la moitié de cet effectif cantonna, pendant près de cinq semaines, dans l'étroit espace compris entre la Vistule et Memel, c'est-à-dire dans les provinces qui avaient été le plus éprouvées durant la campagne de 1807. Après le départ des colonnes, les convois, le service des étapes, l'organisation des magasins et des dépôts de vivres, les hôpitaux de campagne achevèrent d'épuiser le pays.

Les malheureuses populations étaient accablées sous le poids de réquisitions de toutes sortes. Les troupes étaient

---

(1) *Le ministère de Hardenberg*, G. Cavaignac.

cantonnées chez les habitants et nourries par eux. Au moment de leur entrée en campagne, elles emportèrent pour vingt et un jours de vivres et emmenèrent près de 1.500 bœufs et 37.714 chevaux. Le maréchal Davout, à lui seul, avait réquisitionné 2.070 voitures pour son corps d'armée. Par ordre de Frédéric-Guillaume, des commissaires prussiens avaient été adjoints aux états-majors français pour diriger l'exploitation du pays et trancher les difficultés soulevées par les autorités locales; mais c'est en vain qu'ils essayèrent d'attendrir les Français sur le sort de leurs compatriotes; à leurs récriminations, les généraux de Napoléon répondaient que c'était la loi de la guerre.

En dépit de l'axiome de l'intendant général Daru. « On ne saurait croire tout ce qu'un pays peut contenir », la Prusse était incapable de rendre davantage. Dès le mois de mai, le manque de fourrages se fit sentir. « Chaque corps se serrant coude à coude, aura bientôt épuisé les ressources du pays; il ne restera que de l'herbe », écrivait Napoléon au prince Eugène (1). L'herbe elle-même fit défaut pour la cavalerie; alors, on coupa les moissons encore vertes, et finalement les chevaux durent se contenter du chaume arraché aux toits des infortunés paysans.

Les achats du gouvernement prussien ne suffisant plus à assurer l'approvisionnement des magasins, les autorités françaises eurent recours aux réquisitions de vive force qui ne donnèrent d'ailleurs aucun résultat, attendu que, depuis longtemps, les habitants ne réussissaient qu'à grand'peine à assurer leur propre subsistance. Le famine fit même son apparition dans certaines régions particulièrement éprouvées. Les troupes de passage, ne trouvant rien dans le pays, furent réduites au

---

(1) Lettre du 26 mai 1812.

pillage. Effrayés par leurs menaces, les habitants se réfugièrent dans les forêts où ils vécurent comme des bêtes sauvages se nourrissant de racines et d'herbes.

Napoléon finit par s'émouvoir d'un tel état de choses et, dans un ordre du jour daté du 22 juin, prescrivit l'emploi de colonnes mobiles prussiennes, accompagnées de gendarmes français, pour rechercher partout les traînards, les maraudeurs, les déserteurs, et les traduire devant les tribunaux militaires. Le nombre des prisonniers fut si considérable que, dans la seule ville de Königsberg, on en remplit toute une église; ils furent pour la plupart fusillés. L'auteur prussien (1), auquel nous empruntons ce détail, se garde bien de dire à quelle nationalité appartenaient ces maraudeurs. En réalité, la plupart d'entre eux provenaient des contingents allemands incorporés dans l'armée française, et qui ne se faisaient aucun scrupule de dépouiller leurs frères les Prussiens (2).

Cette détresse extrême n'avait fait qu'accroître la haine des Prussiens contre la France. Tous étaient convaincus que cet état de choses ne pouvait durer et qu'un temps viendrait où ils pourraient se lever en masse, chasser leurs oppresseurs, ou s'ensevelir sous les ruines de la monarchie.

Tous les yeux étaient tournés vers la Russie, au cœur de laquelle les aigles impériales volaient de victoire en victoire. La nouvelle des premiers désastres des Fran-

---

(1) Bräuner. — *Geschihte der preussischen Landwehr*.

(2) Arndt écrit dans ses *Souvenirs* : « De toutes les troupes allemandes placées sous le commandement de Napoléon, les Bavarois et les soldats de Darmstadt furent ceux qui laissèrent en Allemagne la plus triste réputation à cause de leur grossièreté, de leur indiscipline et de leur ardeur au pillage. »

Le même auteur rapporte que Stein, rencontrant le général de Wrède dans un salon, en 1815, sortit aussitôt en s'écriant : « Je ne veux pas être assis à côté d'un pareil brigand ! »

çais parvint comme une sorte de rumeur à laquelle personne ne voulut d'abord ajouter foi. Napoléon avait dû quitter Moscou détruite par les flammes; ses bataillons avaient disparu dans les neiges et les glaces de la Bérésina.

Enfin les plus incrédules durent se rendre à l'évidence : en haillons, décharnés, mourant de faim, les premiers soldats français apparurent en Prusse, tristes avant-gardes de colonnes plus tristes encore. Contemplant ce spectacle de l'inconstance des choses humaines, comme autrefois Hamlet, la Prusse méditait sur cette angoissante question : « Etre ou ne pas être. » Pour être, il fallait prendre une décision virile et courir aux armes. Le moment était propice : bientôt il ne serait plus temps.

Frédéric-Guillaume était trop indécis pour se résoudre à une action énergique, à laquelle la marche des événements devait seule le contraindre. S'il eût favorisé le mouvement populaire tout prêt à éclater, nul doute que les débris de l'armée française n'eussent été anéantis avant d'avoir pu atteindre la Vistule. Au contraire, sur ses ordres, les fonctionnaires royaux s'efforcèrent de comprimer la colère du peuple. La moindre étincelle pouvait mettre le feu aux poudres.

Le 1er janvier 1813, au matin, 400 ou 500 recrues prussiennes, encore sans armes, étaient rassemblées à Königsberg. Un gendarme d'élite français, voulant se rendre à la caserne du château, essaya de traverser cette troupe, qui obstruait la rue. Soit qu'il ait été injurié, soit que les recrues ne lui eussent pas assez rapidement cédé le passage, le gendarme, perdant patience, avisa l'une d'elles et d'un coup de pied la fit rouler à terre. Les Prussiens assaillirent alors le soldat français et le poursuivirent jusqu'à la caserne, où il put enfin se réfugier, mortellement blessé. Deux aides de camp, envoyés pour faire cesser le tumulte, eurent leurs sabres brisés et durent battre en retraite. Seule, l'intervention du roi de Naples, qui empêcha la garde de faire feu, évita une mêlée générale, pendant laquelle le peuple n'eût certainement pas manqué de sacrifier à sa vengeance les Français épars dans la ville.

IV

ÉVÉNEMENTS QUI SE PRODUISIRENT DANS LA PROVINCE DE PRUSSE AU DÉBUT DE 1813

Ordres donnés au général York. — Sa défection. — Incident que provoque l'occupation de Memel par les Russes. — Situation difficile de York. — Ses hésitations. — Arrivée de Stein. — Effet produit à Berlin par la défection de York. — Sa destitution. — Son attitude énergique. — Maladroite proclamation du tzar. — Fautes commises par Stein. — Convocation des Etats provinciaux. — Elaboration de la loi sur la landwehr. — Séance du 7 février. — Départ de Stein. — Vote de la loi sur la landwehr. — Impopularité de la gendarmerie. — Omnipotence de la commission générale. — Attaque contre les députés des Etats. — York demande que les fonctionnaires donnent l'exemple du devoir. — Conflit entre York et Auerswald. — Nécessité d'une direction unique et énergique.

Pour répondre aux pressantes sollicitations de son allié, l'empereur Napoléon, le roi Frédéric-Guillaume avait ordonné au général-major von Bülow, remplaçant par intérim le général York dans le gouvernement des provinces de Lithuanie et de Prusse, de lever un corps de réserve de 10.000 hommes, afin d'être en mesure de renforcer le corps prussien placé sous les ordres du maréchal Macdonald.

On savait que l'aile gauche de la Grande-Armée française, suivant le mouvement général de retraite, s'acheminait vers la Prusse; il était donc utile de fixer au général York la ligne de conduite qu'il devait suivre aussitôt qu'il serait rentré sur le territoire national.

« Dès que vous serez revenu en deçà des frontières de mes Etats, — lui écrivait le roi, — je vous confierai le soin de pourvoir à la sûreté de la province, et, dès lors, le général-major von Bülow se bornera à former les réserves sur la Vistule, tout en continuant à vous tenir constamment au courant des dispositions qu'il prendra.

» Vous agirez de même vis-à-vis du général-major von Bülow, afin que, *si des ordres supérieurs du haut commandement français venaient à vous appeler en dehors de la province, il puisse être en état de poursuivre l'exécution de vos ordres* (1). »

Ainsi le roi de Prusse, demeurant sourd aux aspirations de son peuple, entendait exécuter fidèlement les ordres de Napoléon. L'empressement avec lequel Bülow levait les nouvelles troupes devait être agréable au roi de Naples, commandant en chef pendant l'absence de l'Empereur, et dont le quartier général se trouvait à Königsberg, depuis le 19 décembre.

Murat espérait rallier York et Macdonald et reconstituer ses forces éparses en arrière de la Vistule. Quant à Bülow, il avait rappelé sous les drapeaux les réservistes encore disponibles; il les avait organisés et armés; mais il voyait à regret ces forces vives de la Prusse mises au service de ses plus cruels ennemis, et il se proposait de les ménager le plus possible.

Nous avons dit que l'année 1813 avait été sur le point de s'ouvrir par une émeute à Königsberg. Le premier jour de l'an débutait mal pour les Français; il se termina plus mal encore : le soir même, parvenait au quartier général la nouvelle de la défection du général York, qui, à la suite d'une manœuvre habile, avait réussi à s'isoler de Macdonald et à signer avec les Russes la convention de

---

(1) An dem General-Lieutenant von York. Charlottenburg, den 20 Dezember 1812.

neutralité de Tauroggen. La résistance des Français devenant impossible sur la Vistule, Murat ordonna de continuer la retraite sur l'Oder.

Cette nouvelle inespérée causa une grande joie dans les camps de Bülow, dont les soldats ne demandaient qu'à suivre l'exemple donné par York. La situation de Bülow, obligé de ne se compromettre ni avec les Russes, ni avec les Français, était des plus délicates ; mais les circonstances le servirent à souhait. Se conformant au mouvement de l'armée, il retira ses détachements sur la Vistule, leur donnant Graudenz comme point de concentration et leur prescrivant de ne point se mouvoir sur les lignes de marche des Français.

Cependant, les cosaques du général Chepelef, formant l'avant-garde de Wittgenstein, étaient entrés dans Königsberg le 5, s'emparant des immenses approvisionnements accumulés dans la ville, que l'arrière-garde de Ney venait à peine d'évacuer.

Le 9 janvier, Murat, voulant avoir des nouvelles de l'ennemi, envoya à Bülow l'ordre de patrouiller en avant de Graudenz ; mais le général prussien se garda bien d'obéir ; il évacua la ville et gagna à marches forcées la Poméranie, où il établit ses troupes autour de Neu-Stettin.

Sur ces entrefaites, le prince Eugène avait pris le commandement des débris de la Grande-Armée, que le roi de Naples venait d'abandonner. Il expédia à Bülow l'ordre de garder la Netze à hauteur de Posen, et de battre le pays. Bülow répondit que ses troupes n'étaient pas disponibles, que l'on ne pouvait encore compter sur ses soldats des nouvelles levées, qu'il avait à peine 300 chevaux ; bref, il éluda l'ordre. « J'ai envoyé la lettre du général Bülow à M. de Saint-Marsan (1), — écrit le

---

(1) L'ambassadeur de France en Prusse.

prince Eugène à Napoléon, en date du 27 janvier, — pour qu'il fasse sentir au gouvernement prussien combien avait été illusoire la mesure qu'il avait prise, de mettre ses troupes à ma disposition, puisque ce corps n'avait ni artillerie, ni cavalerie, et était rempli de nouvelles levées non habillées (1). »

Le 8 janvier, après avoir disloqué son corps dans la zone neutralisée, le général York s'était rendu personnellement à Königsberg et y avait trouvé l'ordre de cabinet du 20 décembre, le confirmant dans le commandement militaire des provinces. Il ne pouvait rien souhaiter de mieux. Usant aussitôt de ses pouvoirs, il ordonna une levée de 1.050 chevaux de remonte, et appela sous les drapeaux les 900 « Krümper », qui, en raison de la retraite rapide du général Bülow, se trouvaient encore dans le pays sur la rive droite de la Vistule.

La population prussienne avait accueilli York en libérateur; mais son enthousiasme était mêlé d'une certaine inquiétude : quelle serait la conduite des Russes à l'égard de la Prusse? Celle-ci n'allait-elle que changer de maître?

L'attitude énergique du gouverneur militaire avait, un instant, dissipé ces craintes; mais de graves nouvelles, venues de Mémel, ne tardèrent pas à répandre la consternation parmi les patriotes. Le général Paulucci (2), agissant au nom du tzar, avait occupé Mémel, bien que cette place fût située sur le territoire neutralisé par la récente convention. La garnison prussienne (3) avait été obligée de se rendre au colonel Ekespaare. Les Russes s'étaient emparés de l'administration civile, quoique

---

(1) D'après Charras : *Guerre de 1813 en Allemagne.*
(2) Le marquis Paulucci était adjudant général, gouverneur de Courlande et de Livonie.
(3) Cette garnison était forte d'un bataillon.

cela fût contraire aux promesses contenues dans les proclamations lancées par Kutusof et Wittgenstein.

Le conseiller de gouvernement Schulz, qui était à la tête de l'administration, en Lithuanie, protesta contre cette violation de territoire. « Dès hier — écrit-il au général York, en date du 18 janvier — j'ai solennellement et énergiquement protesté, dans le sens indiqué par Votre Excellence, auprès d'Ekespaare, contre toutes les opérations et usurpations effectuées durant mon absence. J'attends à tout instant sa réponse. Si elle tarde à venir, je renouvellerai ma protestation par écrit et, si elle reste encore sans réponse, je considérerai ce fait comme une injure personnelle et j'agirai en conséquence...

» ...Je reçois à l'instant d'Ekespaare une réponse à moitié d'excuse, à moitié de menaces, et disant toujours peu de chose. Il en résulte que rien n'est modifié.

» J'adresse à Votre Excellence une copie de la réponse écrite du marquis Paulucci. Je vais protester et agir jusqu'à ce que le ciel nous délivre ou que je sois arrêté. »

Comme Schulz en convenait lui-même, l'incident de Mémel ne pouvait être qu'un regrettable malentendu qu'il importait de dissiper au plus tôt. C'est dans ce but que York écrivit au tzar pour le prier de mettre fin à une situation qui exaspérait les Prussiens et pouvait les pousser vers une solution tout autre que celle que l'on s'était proposée de part et d'autre en signant la convention de Tauroggen.

Cet événement rendait plus critique encore la situation du général York, placé entre les deux courants d'opinions qui agitaient la province de Prusse. Les uns, se laissant entraîner par leur ardeur patriotique, poussaient à une insurrection populaire; les autres, et surtout les fonctionnaires, n'osaient suivre le gouverneur dans la voie dangereuse où il s'était engagé. D'une part, on proposait de courir aux armes; de l'autre, on refusait aux troupes les ressources dont elles avaient besoin (1). Aux premiers, York prêchait la modération et le calme, faisant même arrêter les plus turbulents; aux seconds, il répétait ce qu'il venait d'écrire à Bülow, pour tenter de l'entraîner dans ses vues : « Est-on tombé si bas — disait-il — qu'on n'ose briser les chaînes de l'esclavage que nous portons humblement depuis cinq ans ? Maintenant ou jamais, c'est le moment de reconquérir l'honneur et l'indépendance... »

» Quelle misérable politique quand on a toujours à la bouche ces vulgaires paroles : il faut gagner du temps. Nos retards sont temps gagné pour nos ennemis; et, pour nous, tout moment perdu est perte irréparable. Le cœur déchiré, je brise les liens de l'obéissance et je fais la guerre de mon chef. L'armée veut la guerre contre la France, le peuple la veut, le roi la veut; mais il n'est pas libre. L'armée doit lui rendre la liberté. Bientôt, je serai à Berlin et sur l'Elbe avec 50.000 hommes et là je dirai au roi : « Sire, voilà votre armée; voilà ma vieille tête; cette tête, je l'offre volontairement à mon roi; mais York ne se laisse ni juger, ni condamner par un Murat (2). »

Comme pour souligner ces nobles paroles, York ordonna à son corps d'armée de se concentrer autour d'Elbing. Ce mouvement avait pour but de soutenir éventuellement les Russes contre une sortie de la garnison de Danzig (3). Tout en prenant cette grave décision,

---

(1) Le major von Krauseneck refusa de remettre au général York les armes et les munitions enfermées dans les magasins de la place de Graudenz, dont il était gouverneur.
(2) *Leben des Generals Grafen Bülow von Dennewitz.* Von Varnhagn von Ense. — Lettre du 18 janvier. (Traduction donnée par Charras : *Guerre de 1813 en Allemagne,* p. 154.)
(3) Ce mouvement s'effectua du 23 janvier au 6 février.

qui pouvait brusquement le faire entrer en guerre ouverte contre les Français, le gouverneur ne crut pas devoir s'absenter personnellement de Königsberg. « Si je m'en éloignais, — avait-il écrit à Bülow, — la province serait en insurrection. »

York s'exagérait assurément la gravité de la situation. Les difficultés qui surgissaient à chaque instant, le mauvais vouloir et la coupable inertie des fonctionnaires royaux, avaient fini par ébranler cette âme si fortement trempée. Devant l'immensité des ressources à créer, le général était parfois saisi d'un invincible découragement, qui perçait jusque dans sa correspondance : « Votre Excellence — lui écrivait Schulz (1) — chancelle dans sa foi en la nation et en son énergie, et malheureusement ce n'est pas sans raison ; mais il ne faut certes pas désespérer d'elle ; l'avenir le prouvera, si seulement quelques progrès rapides viennent réveiller les masses engourdies. »

Jusqu'alors York avait requis des chevaux, rappelé les réservistes ; mais il n'osait recourir à la levée et à l'armement du peuple ; l'exemple de la Révolution française le rendait timide. Ce général, qui n'avait pas hésité à prendre l'initiative des mesures les plus hardies, redoutait par-dessus tout un mouvement populaire qu'il craignait, sans doute, de ne pouvoir diriger. Cependant il avait auprès de lui de prudents et habiles conseillers ; et, parmi eux, Schön, qui avait suivi de près les travaux de la commission de réorganisation militaire et qui connaissait les projets de Scharnhorst au sujet de la landwehr ; mais York craignait d'essayer, durant une période aussi troublée, une législation encore si vaguement établie. Il semblait partager les idées de Frédéric-Guillaume Ier et n'avoir qu'une très médiocre confiance

---

(1) Lettre du 18 janvier déjà citée.

dans une armée composée de commerçants et de laboureurs. « On ne peut être à la fois civil et militaire »; cet axiome hantait son esprit et il se bornait à renforcer l'armée permanente, alors que le peuple n'attendait qu'un signal pour courir aux armes. C'est en vain que Schulz le poussait dans la voie des levées populaires.

« L'été passé, — lui écrivait-il (1), — alors que l'armée française dévastait notre pays, je me suis fait passablement connaître dans les Masures, où je me suis lié, à la vie à la mort, avec un grand nombre de patriotes (2). Nous nous sommes unis pour faire triompher la cause de l'humanité et nous délivrer de nos chaînes d'esclaves.

» J'ai écrit aujourd'hui à tous ces fidèles amis, en les conjurant d'agir maintenant ou jamais, et quelques grands que puissent être les sacrifices, afin de conquérir, pour leurs enfants et leurs descendants, ce que nos successeurs ne pourront peut-être plus acquérir, si nous laissons passer le moment propice.

» J'espère, avec l'aide de Dieu et le concours de fidèles patriotes, pouvoir lever dans le pays, en surplus des Krümper et des hommes en congé, deux ou trois mille combattants, qu'on armera difficilement peut-être, mais qui pourront cependant agir et aider quelque peu. »

Telle était la situation des provinces de Lithuanie et de Prusse lorsque, le 21 janvier, arriva à Königsberg un homme autrefois connu comme un grand citoyen et un grand ministre. Stein accourait de Vilna, accompagné de Arndt, le poète national dont les vers soulevaient l'enthousiasme. Muni des pleins pouvoirs du tzar Alexandre, Stein venait lever tous les obstacles et don-

---

(1) Mémel, 18 janvier.
(2) Je remplace par cette expression toute une longue liste de noms qu'il serait sans intérêt de reproduire ici.

ner un libre cours au mouvement qui se préparait. La prise de Mémel était un malentendu; la place serait évacuée. Kütusof avait arrêté sa poursuite; mais le tzar allait le pousser en avant et porter ses troupes en Prusse, afin de rendre au roi Frédéric-Guillaume la liberté qui lui faisait défaut. Ces paroles confirmaient celles du général York. La province reprenait confiance et était toute à la joie, lorsqu'arriva, d'autre part, à Königsberg le courrier de la poste prussienne, que Français et Russes laissaient encore passer.

Les feuilles publiques, aussi bien que les correspondances privées, apportaient des nouvelles bien faites pour calmer le premier enthousiasme.

A Berlin, l'échec de Napoléon avait produit une telle surprise, que personne ne voulait y croire. Le prince Eugène avait soigneusement dissimulé l'étendue du désastre et les timides Berlinois craignaient de se compromettre en laissant éclater au grand jour leurs véritables sentiments.

Un numéro du *Journal de Berlin*, daté du 19 janvier, annonçait que le roi, blâmant hautement la défection du général York, l'avait destitué. Le major von Natzmer était parti avec ordre de l'arrêter, ainsi que le général von Massenbach. Les deux généraux allaient être traduits devant un conseil de guerre. Le général-major von Kleist devait remplacer le gouverneur dans son commandement.

Mais, ce que n'indiquaient pas les journaux, c'était la situation critique dans laquelle se trouvait le gouvernement prussien.

Frédéric-Guillaume avait appris avec effroi l'acte hardi de son général, acte dans lequel il ne voulait voir qu'un coup de tête analogue à celui de Schill, en 1809. Toujours sous l'impression du désastre d'Iéna, il demeurait incapable de prendre une décision immédiate, et son premier soin avait été d'envoyer en toute hâte à Paris le prince de Hatzfeld, le chef du parti français, qui prédominait à la cour. Cet ambassadeur extraordinaire devait porter à Napoléon l'assurance de la fidélité et de l'inaltérable dévouement du roi de Prusse. Et cependant, Frédéric-Guillaume ne pouvait méconnaître les aspirations de son peuple; il ne pouvait demeurer sourd aux prières des patriotes. Le mouvement militaire de 1809 et la défection du général York ne suffisaient-ils point à dessiller les yeux de ce monarque timoré?

Il est permis de se demander si les sentiments exprimés par la bouche du prince de Hatzfeld à Napoléon étaient bien sincères et si cette nouvelle humiliation ne cachait pas le désir de gagner du temps. La guerre subissait un ralentissement; les deux adversaires réparaient leurs forces épuisées, et il était encore impossible de prévoir quelle serait l'issue de la prochaine campagne. Frédéric-Guillaume n'avait pas à se presser de conclure une alliance avec les Russes, puisque, sans l'intervention amicale de la Prusse, le tzar ne pouvait songer à progresser davantage vers l'Ouest (1).

Quoi qu'il en soit, la nouvelle de la destitution d'York jeta le trouble dans toute la province de Prusse. Le général sentit l'autorité lui échapper; il la ressaisit par un coup d'audace. Le lendemain de l'arrivée du courrier, le *Journal de Königsberg* publiait cet avis :

« Suivant un article paru dans un numéro du *Journal de Berlin*, en date du 19, le major von Natzmer aurait été envoyé auprès de M. le général-major von Kleist pour lui porter l'ordre de me remplacer dans le commandement du corps d'armée royal, en Prusse.

» M. von Natzmer ne s'est jusqu'ici présenté ni à moi

---

(1) Nous retrouvons ici la diplomatie à double tranchant pratiquée avec tant de succès par Frédéric II.

ni à M. le général von Kleist. Je continuerai donc à exercer le commandement en chef du corps d'armée et les autres fonctions que me confère l'ordre de cabinet du 20 décembre, et cela avec d'autant moins d'hésitation qu'il est notoire que, dans l'Etat prussien, un journal ne saurait constituer un document officiel et que, jusqu'ici, aucun général n'a reçu des instructions par la voie de la presse.

» Afin d'éviter toute erreur, j'ai pensé utile de publier cette déclaration.

Königsberg, le 28 janvier 1813.

» Signé : von YORK,

lieutenant-général de l'armée royale prussienne, gouverneur général et commandant en chef le corps d'armée en Prusse. »

York disait vrai : l'envoyé du roi n'avait pas paru à Königsberg. Se conformant à des instructions secrètes, Natzmer s'était rendu directement au quartier général de Wittgenstein, pour solliciter un sauf-conduit qui, naturellement, lui avait été refusé ; sa mission n'était qu'un prétexte pour entrer en relation avec les Russes.

C'était le second acte par lequel York affirmait sa décision de délivrer sa patrie et jouait sa liberté ou sa tête pour le service de son roi. A juste titre, de Pradt, dans son ouvrage sur le congrès de Vienne, a pu dire de lui : « Aucun mortel n'a peut-être autant et si puissamment contribué au renversement de la tyrannie de Napoléon. ».

L'avis publié dans le *Journal de Königsberg* était conçu en termes clairs et énergiques. La dernière phrase surtout, appuyée par tous les titres dont le général faisait suivre sa signature, devait être un sérieux avertissement pour les fonctionnaires trop scrupuleux ou trop timorés, dont l'article du *Journal de Berlin* avait pu troubler la conscience.

En arrivant à Königsberg, le premier soin de Stein avait été de se rendre auprès du gouverneur civil, le président Auerswald, afin de lui présenter les pleins pouvoirs qu'il tenait du tzar et de l'inviter à rassembler les Etats provinciaux pour une date qu'il fixait lui-même au 5 février. A cette assemblée, il voulait demander la levée immédiate d'une landwehr.

Stein était porteur d'une proclamation du tzar Alexandre, destinée à dissiper immédiatement tous les doutes. Ce document, fort original, mérite d'être reproduit textuellement (1).

« Nous, Alexandre Premier, par la grâce de Dieu, Empereur et Autocrateur de toutes les Russies, etc...

» Savoir, fesons par les présentes que la Prusse Orientale et Occidentale se trouvent occupées par Nos armées, et étant par là séparées du centre de leur Gouvernement, les rapports avec Sa Majesté le Roi de Prusse restant encore indécis, Nous avons jugés indispensable de prendre provisoirement des mesures de surveillance et de direction pour guider les autorités et utiliser les ressources du pays en faveur de la bonne cause.

» En conséquence, Nous avons nommé, comme par les présentes, Nous nommons le baron Henry-Frédéric-Charles de Stein, chevalier de l'ordre de l'aigle rouge pour se rendre à Königsberg et y prendre des informations sur la situation du pays, afin de s'occuper à activer les moyens militaires et pécuniaires, à l'appui de nos opérations contre les armées françoises. Nous le

---

(1) Nous respectons fidèlement l'orthographe de cette proclamation tout entière écrite en français.

chargeons, en outre, de veiller à ce que les revenus publics du pays occupé. soyent administrés avec fidélité et employés d'une manière conforme au but mentionné ci-dessus ; que les propriétés des François et celles de leurs alliés soyent séquestrées, que l'armement de la milice et de la population s'organise d'après les plans formés et approuvés en 1808 par Sa Majesté le Roi de Prusse dans le plus court délai possible, et que les fournitures nécessaires en vivres, moyens de transport pour les armées se fassent avec ordre et célérité.

» A cet effet Nous autorisons le baron Stein à prendre toutes les mesures qu'il jugera nécessaires pour s'acquitter de cette commission, à employer les agents qui lui paraîtront les plus propres, pour remplir nos intentions, à destituer ou éloigner ceux qu'il croira incapables et malveillants, à surveiller et même à faire arrêter les personnes suspectés.

» Nous lui donnons le droit de substituer à sa place une personne de confiance. Sa mission sera terminée au moment que nous aurons conclu un arrangement définitif avec le Roi de Prusse. Alors l'administration de ces provinces lui sera rendue, et le baron de Stein retournera à Nous.

» Au reste Nous promettons sur Notre parole Impérial d'agréer à tout ce qui en vertu du présent plein pouvoir aura été arrêté et exécuté par lui.

» En foi de quoi, Nous avons signé ce Notre plein pouvoir et y avons fait apposer Notre sceau privé.

» Fait à Raczky, le six janvier de l'an de grâce Mil-huit-cent-treize, de Notre Règne la treizième Année.

» ALEXANDRE. »

On doit à la vérité de reconnaître qu'il eût été difficile au tzar de rédiger une lettre plus maladroite. D'abord, il prend soin de rappeler aux Prussiens que leur territoire est occupé par ses armées, c'est-à-dire qu'il dispose de la force et qu'il saura en user; il les invite ensuite à employer leurs ressources pour soutenir « la bonne cause » et il entend par là que « les fournitures nécessaires en vivres, moyens de transport pour les armées, se fassent avec ordre et célérité ». Quelles compensations leur promet-il en échange? Quelle sera la nature de l'arrangement à conclure avec le roi de Prusse? N'aurait-il pas, tout comme le généralissime Kutusof et le marquis Paulucci, l'arrière-pensée de faire subir à la Prusse le démembrement infligé à la Pologne? Ne se joue-t-il pas de Stein en l'employant à son service? Voilà bien des questions indécises et capables d'inquiéter les patriotes!

Que doit penser York? Après avoir été destitué par son roi, il est révoqué de ses fonctions par un souverain étranger. Stein, en effet, ne se présente pas en ambassadeur, mais en gouverneur; il doit prendre la direction des affaires militaires et civiles, organiser la police et pourvoir aux opérations financières. Le président Auerswald ne peut-il pas, lui aussi, se considérer comme destitué?

Quant aux fonctionnaires, ils viennent d'apprendre, d'une part, que Frédéric-Guillaume demeure fidèle à la cause française, et ils reçoivent, de l'autre, l'ordre d'agir pour les Russes. Ils sont traités en suspects; Stein est chargé de les surveiller et de s'assurer qu'ils administrent « avec fidélité ».

Mais l'envoyé du tzar est l'objet d'une popularité sans égale; son dévouement à la cause allemande est connu; sans doute, il saura par ses actes effacer ce que les mots peuvent contenir de blessant. Dans les périodes de danger national, alors qu'il faut que toutes les rancunes, toutes les susceptibilités s'effacent pour permettre aux efforts de chacun de converger vers le but commun, la délivrance de la patrie, il importe que l'homme, vers lequel se tournent tous les regards, joigne à l'éclat du patriotisme la finesse de la diplomatie. Stein ne se montra pas diplomate : au lieu de se présenter en conseiller, il parla en maître, comme il l'eût fait lorsqu'il était encore grand chancelier du royaume.

Le « landhofmeister Auerswald » était gouverneur civil et commissaire royal près les Etats de Lithuanie et de Prusse orientale; il était le président désigné de l'assemblée que voulait convoquer Stein, et toutes les hautes fonctions dont il était investi méritaient quelques égards. Malade et alité, il ne put ou ne voulut pas recevoir la première visite de Stein, qui lui envoya alors le message du tzar, en l'accompagnant d'une courte lettre, laquelle ressemblait plus à un ordre formel qu'à une courtoise invitation à rassembler les Etats provinciaux (1).

Faisant abstraction de toute susceptibilité personnelle, Auerswald convoqua les députés et désigna, pour le remplacer à la présidence, le conseiller de justice von Brandt, directeur élu du comité permanent des Etats de Lithuanie et de Prusse orientale. Mais Stein n'avait point attendu cette désignation, et déjà il avait offert la présidence à son ami et conseiller d'autrefois, von Schön. Dans son impatience, il s'emportait ouvertement contre Auerswald : « Il se met au lit, — disait-il, — parce qu'il a peur du retour des Français (2) », et, passant des paroles aux actes, il entreprenait de détruire toutes les dispositions que le gouverneur avait prises. Les portes des prisons furent ouvertes aux agita-

---

(1) An des Herren Landhofmeister von Auerswald Excellenz. Königsberg, den 22 Januar. Stein.
(2) *Das Leben des Ministers Freiherrn v. Stein*, von Pertz.

teurs arrêtés au nom de la légalité; le blocus continental fut aboli; l'émission d'un papier monnaie, ayant cours forcé et destiné à remplacer le numéraire manquant, fut décrétée; en un mot, Stein se posa en dictateur.

York se montra moins souple qu'Auerswald. Il ne lui convenait pas à lui, général, qui n'avait pas craint de se mettre en rébellion ouverte contre son roi et d'exposer sa tête, il ne lui convenait pas de subir la tutelle d'un homme qui parlait et agissait au nom de l'étranger. Il ne dissimula pas ses sentiments à Stein et lui déclara énergiquement qu'il n'entendait pas abdiquer une autorité conservée au prix de tant de sacrifices, qu'il voulait que tout ce qui arriverait fût fait dans l'intérêt de la Prusse et uniquement sous la direction des fonctionnaires prussiens, qu'il n'accepterait pas une intervention étrangère. Stein répondit à York avec arrogance, avec insolence même; il alla jusqu'à le menacer des baïonnettes russes : ce à quoi le général répliqua avec fermeté qu'il saurait opposer la force à la force.

La situation était fortement tendue entre Stein et les autorités prussiennes au moment où les premiers députés arrivèrent à Königsberg. Toutes ces menaces, toutes ces violences n'avaient point tranché la question de la présidence que Schön refusait pour ne point prolonger des polémiques si préjudiciables aux intérêts du pays. Le dictateur dut, à son tour, s'incliner devant le général : « Nul ne pourrait conduire les Etats au but mieux que vous, — lui écrivait-il en lui offrant la présidence, — vous qui, par votre forte et sage résolution, avez accéléré la fuite de l'ennemi et conservé au roi et à la patrie un corps de vaillants soldats pour la guerre de l'indépendance et de l'honneur (1). » York refusa, ne voulant

---

(1) Lettre du 4 février. Traduite et citée par Charras.

point se départir de son rôle purement militaire. Finalement Stein dut se ranger à l'avis d'Auerswald, et ce fut von Brandt qui présida les Etats.

Ces dissensions avaient produit le plus funeste effet sur l'esprit des députés ; ils se demandaient quel rôle jouait Stein, se réclamant sans cesse de l'autorité d'un monarque étranger. De leur côté, les fonctionnaires justement blessés par le message du tzar montraient le plus mauvais vouloir. La situation de l'ancien chancelier devenait impossible ; il le comprit, et, à la suite d'un vote de méfiance que lui infligèrent les Etats, il se retira auprès d'Alexandre. Par sa faute son œuvre restait inachevée ; mais les voies étaient ouvertes, et la Prusse tout entière allait s'y lancer à la conquête de l'indépendance.

Le 5 février, au jour fixé par Stein, les Etats s'étaient réunis sous la présidence du conseiller de justice von Brandt. Cette session extraordinaire peut, à juste titre, être considérée comme l'un des plus beaux exemples de promptitude dans les décisions qu'ait jamais donné une assemblée siégeant dans des circonstances aussi critiques.

Les députés allèrent droit au but. D'un commun accord, ils reconnurent que « les délibérations ne pourraient être dirigées dans un sens vraiment juste et ne seraient efficaces, qu'autant qu'elles seraient conduites par l'autorité militaire connaissant les sentiments de S. M. le Roi, et aussi les besoins exacts de l'armée (1) ».

La motion d'envoyer une députation au général York fut votée par acclamation. Cinq députés désignés sur-le-champ reçurent la mission de se rendre auprès du gouverneur militaire pour l'inviter à formuler par écrit ses propositions.

---

(1) Procès-verbal de la séance du 5 février établi par le secrétaire de l'assemblée, le conseiller de justice von Scheltz.

Depuis longtemps, York avait médité sur les moyens de renforcer les effectifs de l'armée et il n'attendait que l'occasion de faire donner à ses projets la sanction de la loi. Il trouva plus expéditif de s'expliquer de vive voix et se rendit au sein de l'assemblée avec la députation envoyée vers lui. Sa présence souleva le plus grand enthousiasme et le vieux général, largement récompensé de ses hardiesses par l'ovation qui lui était faite, comprit que le cœur de la Prusse battait à l'unisson du sien.

York se déclara prêt à prendre la direction d'une organisation nouvelle. Avec une éloquence toute militaire il exposa les souffrances et les humiliations de la patrie. Il convia toutes les provinces à le soutenir dans ses efforts, car il était « décidé à agir comme autrefois ».

« J'espère bien — dit-il en terminant — battre les Français partout où je les rencontrerai, et je pense délivrer au plus tôt la province. Je compte pour cela sur le vigoureux concours de tous les habitants. Si la supériorité numérique de l'ennemi est trop forte, alors nous saurons mourir glorieusement ! » (1).

Avant de se retirer, le général dit encore qu'il ne pouvait songer à soumettre en détail ses plans et ses projets à une si nombreuse assemblée, mais qu'il espérait qu'elle nommerait une commission, à laquelle il en donnerait connaissance et qui les porterait, après discussion, à la tribune des Etats. L'assemblée décida aussitôt que la commission se composerait des cinq députés déjà désignés, auxquels on adjoindrait un député des « Köllmer » et un autre des villes (2). La commission, présidée par l'ancien ministre d'Etat Dohna, se rendit, le soir même, auprès d'York, reçut communication de

---

(1) Procès-verbal de la séance du 5 février.
(2) Voir plus haut la composition des Etats provinciaux.

ses projets, y ajouta ses propres propositions, et, dès le lendemain, rendit compte aux Etats provinciaux des résultats obtenus.

Si une solution avait pu être si promptement adoptée, c'est que, de part et d'autre, les esprits y étaient préparés de longue date. En arrivant à Königsberg, Stein y avait trouvé le général von Dörnberg, le lieutenant-colonel von Claüsewitz et le major comte Dohna, frère du ministre : tous trois Allemands passés comme lui au service de la Russie par haine de la France. Les deux premiers étaient arrivés dans la ville avec le quartier général de Wittgenstein ; quant au major Dohna, il avait été envoyé de Riga par le général Paulucci.

Stein s'empressa d'utiliser ces précieux auxiliaires que le hasard, ou plutôt une habile prévoyance, avait mis à sa disposition. Lui-même connaissait parfaitement les projets de landwehr que Scharnhorst avait si souvent développés en sa présence au sein de la commission de réorganisation militaire. Schön n'y était pas étranger et avait été plus d'une fois appelé à donner son avis à ce sujet. Dörnberg était un homme éclairé, qui venait de conquérir une juste célébrité par son audace durant la dernière campagne. Quant à Clausewitz, « il était l'un des élèves les plus aimés et les plus capables du général von Scharnhorst. Depuis 1809, époque à laquelle il avait cessé d'être aide de camp de son Altesse Royale le prince Auguste, et jusqu'à 1812, il avait rempli les mêmes fonctions auprès du général von Scharnhorst, dont il était le premier et le plus zélé collaborateur, surtout en ce qui concernait les plans extraordinaires d'armement à tenir secrets pour raison politique (1) ». C'était lui qui avait été chargé de rédiger pour le roi « un fort beau mémoire sur la possibilité d'armer et de défen-

---

(1) *Beiträge zur Kenntniss des General v. Scharnohrst*, von H. v. Boyen, Königl. Preus. Kriegsminister, p. 44.

dre la monarchie prussienne, en prévision du cas où un heureux hasard de circonstances offrirait l'occasion de lever le peuple en masse et de sonner le tocsin contre son perfide oppresseur. Ce mémoire était écrit avec la clarté et la concision énergique qui lui étaient propres; il envisageait toutes les éventualités possibles que pouvait présenter cette grande affaire (1) ».

Il était donc impossible de trouver un meilleur conseiller que Clausewitz et, grâce à lui, on pouvait avoir la certitude d'agir exactement dans les vues du roi. Ce qui perdit Napoléon, c'est qu'il ne voulut pas ou n'eut jamais le loisir de former des élèves; partout où il n'était pas présent en personne, les affaires allaient à la dérive; aux prises avec l'ennemi sur tous les points de l'Europe, en dépit de son activité et de son génie, il courait fatalement à la débâcle. Ce qui sauva la Prusse, ce fût la prévoyance de Scharnhorst, qui sut s'entourer de disciples zélés, lesquels devaient devenir, au moment du besoin, de véritables apôtres.

Stein chargea donc Clausewitz de faire appel à ses souvenirs et d'établir un premier projet conforme aux plans de Scharnhorst. Clausewitz s'acquitta de ce devoir sur-le-champ et en quelques heures. Après discussion, le député Dohna fut chargé de rédiger un projet de loi que la commission présenta au général York. Ce dernier n'était pas sans connaître, lui aussi, au moins dans leurs grandes lignes, les propositions de Scharnhorst, l'entente fut donc facile et rapide.

Retournons maintenant à l'assemblée des Etats; c'est le 7 février, et les plus graves questions, desquelles doit dépendre le sort de la Prusse, sont agitées devant elle.

Dès le début de la séance, le président von Brandt donna lecture de la délégation impériale apportée par

---

(1) *Erinnerungen aus den ausseren Leben*, von E. M. Arndt.

Stein. On peut juger de l'émoi que provoqua, parmi les députés, la lecture d'un document qui froissait si maladroitement les légitimes susceptibilités des patriotes prussiens. Brandt s'empressa de déclarer que tous entendaient conserver au roi leur respect et leur attachement, que les décisions prises en commun seraient soumises à l'approbation du monarque, après avoir obtenu celle du gouverneur militaire et du gouverneur civil.

Le ministre Dohna prit à son tour la parole pour confirmer ces sentiments et dissiper le déplorable effet produit par la lettre du tzar. Il dit « que les négociations passées avaient assez prouvé la loyauté de S. M. l'empereur de Russie; que ce souverain demandait uniquement à la province de faire ce qu'elle considérerait comme possible, pour le plus grand bien de son roi et de sa patrie; que cette manière de voir animait l'esprit de tous les députés présents; que c'était uniquement dans ce but qu'ils s'étaient engagés dans cette affaire et qu'ils s'étaient adressés à S. E. le lieutenant-général von York, *comme au plus haut représentant du roi, au plus fidèle sujet de Sa Majesté et au plus ardent citoyen de la patrie* (1) ».

« L'orateur parla ensuite avec véhémence du dévouement sans bornes des Etats et des provinces envers le roi, des sacrifices qu'ils étaient prêts à faire pour la patrie, et l'on avait la sensation que ces sentiments étaient partagés par tous les députés présents. Sa voix fut couverte par des applaudissements, lorsqu'en terminant, il s'écria : « Que Dieu garde le roi ! Vive le roi ! (2). »

Pour clore l'incident, l'assemblée vota aussitôt un ordre du jour déclarant « qu'elle n'avait nullement besoin

---

(1) Procès-verbal de la séance, rédigé par le secrétaire Heidemann.
(2) *Ibidem.*

des pleins pouvoirs de M. le ministre von Stein, attendu qu'elle avait délibéré sous la direction de S. E. M. le lieutenant-général von York, et qu'elle ne craignait point une désapprobation de S. M. le roi; car M. le général von York lui avait donné l'assurance qu'il agissait comme le plus fidèle serviteur du roi et en son nom (1). »

Stein comprit la leçon, et, le soir même, il reprit le chemin de la Russie.

La discussion et le vote du projet de loi se firent rapidement et sans soulever aucune difficulté.

Les Etats décrétèrent la levée d'une landwehr destinée à soutenir au besoin l'armée active, mais *qui ne serait pas utilisée en dehors de la province*. Ils votèrent, en outre, l'organisation d'un landsturm, pour le maintien de l'ordre et la défense locale du territoire.

La landwehr devait se recruter parmi les hommes de 18 à 45 ans non employés dans l'armée active, à l'exception des infirmes, naturellement exemptés, et des indignes, exclus de l'honneur de défendre le pays. Les ministres des cultes, les instituteurs et les fonctionnaires pourvus d'un emploi furent l'objet d'une dispense. On avait décidé, en principe, que la levée se ferait sans distinction de religion ou de croyance; mais il se trouvait en Prusse une secte d'anabaptistes connue sous le nom de *Mennonites*, auxquels leur religion interdisait de porter les armes. Pour ne point provoquer de querelles religieuses en un moment aussi critique, les députés furent d'avis de dispenser les Mennonites à la condition qu'ils remplaceraient leurs services personnels par des dons en argent et en nature, destinés à contribuer au relèvement du pays (2).

---

(1) Procès-verbal de la séance, par le secrétaire des Etats Heidemann.

(2) Le général York y trouva un moyen de se procurer les ressources nécessaires à la création d'un « régiment national de ca-

L'effectif total de la landwehr était fixé à 30.000 hommes, dont 10.000 de réserve. Le recrutement devait s'opérer par engagements volontaires et, en cas d'insuffisance, par voie de tirage au sort.

En guise d'uniforme, on décida que chaque landwehrien ajouterait quelque signe distinctif sur ses vêtements civils et en particulier sur la casquette ou le chapeau. Quant à l'armement, il devait se composer, en principe, de fusils; mais on convint d'utiliser provisoirement des faux emmanchées verticalement.

Les frais devaient être à la charge des volontaires ou des communes auxquelles appartiendraient les hommes trop pauvres pour s'habiller et s'équiper eux-mêmes.

La landwehr se composerait uniquement d'infanterie, à laquelle l'armée permanente fournirait, en cas de besoin, de l'artillerie et de la cavalerie.

L'organisation devait se rapprocher le plus possible de celle de l'armée permanente. Les bataillons, forts de 1.000 hommes, devaient être formés en *quatre compagnies de ligne et une compagnie de chasseurs*, cette dernière composée spécialement d'hommes faisant partie des sociétés de tir.

Le groupement de quatre bataillons prenait le nom de brigade; toutefois, ce n'était là qu'une formation d'administration et d'inspection. Dans le cas où la landwehr serait appelée à concourir aux opérations de

---

valerie), dont il sera ultérieurement question. Il décida que : « Les Mennonites, étant soumis à la loi sur la landwehr, en échange de l'exemption, ils devront fournir sans faute avant quatre semaines : 1° 600 chevaux aptes au service de la cavalerie (ces animaux seront examinés et acceptés par une commission militaire) ou la somme de 70 thalers par cheval; 2° 15.000 thalers pour part contributive à la formation de la landwehr » Ces dispositions pourraient être comparées à celles prises par la Convention française en 1793. La Convention avait décrété que tous les citoyens ayant au-dessus de 1.500 livres de rente devraient payer une taxe proportionnée à leurs moyens, s'ils ne partaient pas eux-mêmes aux armées comme volontaires.

guerre, la brigade devait se disloquer et *envoyer un bataillon à chaque régiment d'infanterie de ligne*. Si, pour la défense locale de la province, la landwehr n'était pas employée auprès de l'armée permanente, elle devait demeurer organisée en brigades agissant alors comme des régiments.

Le choix des officiers était fait par les administrations provinciales, celui des sous-officiers par les capitaines. La nomination des brigadiers était seule soumise à l'approbation royale. On faisait appel à la bonne volonté et au patriotisme des officiers et sous-officiers libérés du service.

Quoique les exercices de la landwehr dussent être réduits au strict nécessaire, la difficulté de se procurer des instructeurs préoccupait tous les esprits. La gendarmerie pouvait fournir un certain nombre de gradés expérimentés; mais c'était là une institution royale et les députés professaient trop le respect de la machine gouvernementale pour oser lui soustraire le moindre de ses rouages, sans avoir, au préalable, reçu l'assentiment du souverain. Les Etats décidèrent donc de demander au roi l'abolition du corps des gendarmes qui, dès le début de son institution, s'était heurté à l'hostilité des populations envers lesquelles il n'avait pas su garder les ménagements nécessaires à une première application des lois nouvelles (1).

Les bases de la loi étant établies, il ne restait plus qu'à déterminer les moyens d'exécution. Etant donné l'urgence, on convint de ne pas attendre l'autorisation royale pour appliquer la loi, en se réservant d'y apporter dans la suite les modifications que le souverain pres-

---

(1) Lettre du 9 février 1813. — Nous verrons plus loin que cette demande ne fut point accueillie : la gendarmerie fut maintenue et fit partie du landsturm; cependant, elle fut employée provisoirement à l'instruction de la landwehr.

crirait. Une « *commission générale* » de sept membres fut élue sur-le-champ. Présidée par l'ancien ministre Dohna, elle recevait les pouvoirs les plus étendus pour trancher les difficultés que pouvait faire surgir le formalisme de l'administration prussienne. Siégeant en permanence à Königsberg, elle avait pour mission de veiller à la formation rapide de la landwehr; elle pouvait donner directement des ordres à tous les fonctionnaires, les révoquer, et même les faire arrêter. Ses membres militaires avaient le droit d'inspection sur toutes les brigades.

Sous cette haute direction, ou, pour mieux dire, sous cette dictature, fonctionnaient des « *commissions spéciales* », à raison de une par brigade. Composées de quatre membres, parmi lesquels le brigadier, elles étaient chargées des détails relatifs au recrutement, à l'habillement, à l'armement et à l'incorporation.

C'est ainsi qu'en quatre jours les députés des Etats, que le général York saluait justement du titre de « représentants de la nation (1) », avaient pris hardiment l'initiative des mesures qui devaient sauver la Prusse. Ils connaissaient la destitution du gouverneur militaire, mais ils n'avaient point hésité à passer outre, tout en se rendant parfaitement compte du péril auquel ils s'exposaient. La lourde responsabilité qui pesait sur eux ne les avait point effrayés, et c'est par des applaudissements qu'ils avaient accueilli le discours d'Alexandre Dohna, lorsque l'ancien ministre avait cru devoir les avertir de la gravité des résolutions qu'ils venaient de prendre : « Nous armons, nous nous levons contre l'ennemi commun; — s'était-il écrié, — il ne faut pas nous le dissimuler, si le succès nous manque, nous perdrons tout, nous serons chassés, persécutés, nous et les nôtres (2). »

---

(1) *Vertreter der Nation.*
(2) Traduit et cité par Charras.

Le respect des députés pour la personne royale s'était manifesté dans chaque séance, et ils entendaient ainsi dissiper tout soupçon d'agir sous la pression des Russes. Cependant, les imprudences de Stein aussi bien que la connaissance du message apporté au nom du tzar, avaient indisposé les populations; les esprits s'étaient rapidement surexcités, et, dans certaines villes, on disait tout haut ce que dans d'autres on répétait tout bas, à savoir que les Etats agissaient selon les vues de l'empereur Alexandre plutôt que selon celles du roi Frédéric-Guillaume.

Lorsqu'une assemblée, élue par la nation, veut donner au pays des lois respectables et respectées, la première condition qu'elle doit remplir est que chacun de ses membres soit d'une honorabilité incontestée. Quelle confiance pourrait avoir le peuple en des députés sans honneur, qu'il soupçonnerait d'être de connivence avec l'étranger? Une pareille assemblée, au lieu de créer des lois, n'engendrerait que l'anarchie. On ne sert bien que ce que l'on respecte.

Les Etats de Königsberg résolurent de se laver d'une accusation injuste.

« Toute l'assemblée, pleine de fidélité et d'attachement pour la personne de celui qu'elle considère comme le père du pays, a ressenti le plus vif mécontentement à la nouvelle de l'accusation dont elle est l'objet; elle n'a jamais pu croire qu'un sujet prussien ait pu s'abaisser au point de porter un jugement aussi honteux sur une respectable province, qui a maintenu jusqu'ici sans tache la renommée de sa fidélité, de son honneur et de son devoir...

» Elle décide de faire une enquête sur les causes de ce singulier incident, et charge le comité permanent d'adresser une réclamation à S. M. le Roi, dans le cas où un fonctionnaire se trouverait impliqué dans cette affaire.

» Il est inutile de donner l'assurance de la fidélité particulière et du dévouement de l'assemblée pour le roi ; car elle écoute le cri de sa conscience, qui la pousse à servir le roi et la patrie, et est animée du noble désir de se faire connaître et apprécier par le souverain (1). »

Comme si cet ordre du jour ne leur paraissait pas suffisant, les députés votèrent une adresse au monarque, adresse que le major Louis Dohna fut chargé de porter à Breslau, en même temps que le texte des dispositions concernant la landwehr.

L'accusation dirigée contre les Etats était non seulement injuste, mais encore invraisemblable. La Russie avait une occasion unique de renverser la toute puissance de Napoléon ; elle ne pouvait s'exposer à la perdre en exerçant une pression sur les députés et en s'aliénant la Prusse, disposée à faire cause commune avec elle. L'incident de Mémel n'avait été qu'un malentendu ; la lettre du tzar, qu'une maladresse ; Clausewitz, qui arrivait du camp russe le déclarait formellement : « Ni l'empereur Alexandre, ni encore moins le ministre Stein n'ont eu l'idée d'annexer la province de Prusse à la Russie ; cela découle des ordres donnés ouvertement au ministre Stein. Ce dernier, durant le séjour qu'il a fait à Königsberg, l'a déclaré d'une manière précise au ministre Dohna et au major, son frère.

» Le marquis Paulucci, qui, lors de son arrivée à Mé-

---

(1) Ordre du jour. Procès-verbal de la séance du 9 février, rédigé par le secrétaire des Etats Scheltz. — En France, la Convention nationale ne s'était pas montrée moins jalouse de son honneur. En décembre 1793, elle envoyait à l'échafaud les députés Bazin, Chabot, Delaunay d'Angers et Julien de Toulouse, accusés d' « avoir fait une fortune subite » en falsifiant un décret. Voyez Thiers. *Histoire de la Révolution.* T. V., L. XIX, p. 234.

mel, a crü, de sa propre initiative, devoir requérir les autorités locales de prêter serment de fidélité à l'empereur de Russie, a reçu une sévère réprimande de la part du tzar, aussitôt que le fait est parvenu à la connaissance de ce souverain. »

Avant d'être présenté au roi, le projet de loi sur la landwehr devait avoir obtenu l'approbation du général York. Le gouverneur militaire signa sans hésitation, se réservant de faire connaître au monarque les points sur lesquels son opinion personnelle différait de celle de l'assemblée. Il trouvait que les députés s'étaient montrés trop larges dans les exemptions à accorder aux fonctionnaires. « Cette exemption — écrivit-il au roi (1) — affaiblira le bon esprit et amènera des dissentiments. Le fonctionnaire serait l'homme qui, dans l'Etat, ferait le moins de sacrifices à une situation pénible pour tous, et, cependant, c'est lui qui retire le plus d'avantages des institutions publiques. On pourrait le considérer comme une personne favorisée outre mesure. Le dispenser des sacrifices que le propriétaire, le bourgeois, le paysan qui gagne péniblement sa vie, doivent faire, en abandonnant leurs familles, le fruit de leurs travaux, leurs propriétés, pour combattre l'ennemi de la patrie, ce serait, à juste titre, exciter le mécontentement et affaiblir le bon esprit sans lequel il est impossible de faire rien de grand. Mais, dira-t-on peut-être, l'administration du pays souffrira si les fonctionnaires sont éloignés de leurs postes. D'abord, il y a lieu de remarquer que les fonctionnaires âgés de plus de 45 ans (c'est le cas de la majorité) seront, par le fait même, exemptés. Il en résulte que, vraisemblablement, une faible partie des fonctionnaires seulement sera appelée à tirer au sort avec les autres citoyens et à partager avec eux l'honneur de dé-

---

(1) Lettre du 12 janvier 1813.

fendre le trône de S. M. Royale et la patrie. La situation de la plupart d'entre eux leur permet de se faire remplacer, attendu que beaucoup peuvent parfaitement se passer d'un domestique et diminuer leurs aises, pour faire un sacrifice à une cause aussi sublime. »

Le général tenait, en outre, à rappeler l'attention du souverain sur les motifs qui l'avaient déterminé à demander pour la commission générale des pouvoirs aussi étendus et aussi voisins de la dictature. « Les situations exceptionnelles réclament des moyens exceptionnels—écrivait-il. — C'est pour cela que Votre Majesté m'avait mis autrefois entre les mains une toute-puissance qui me conférait, dans certains cas, une partie de son pouvoir royal. C'est avec émotion que j'ai reçu cette marque de confiance ; c'est avec la plus grande fidélité et le plus profond dévouement que j'aurais usé de ces droits si les circonstances l'avaient exigé......

» Il est absolument indispensable d'accorder ces pouvoirs à la commission générale, afin de donner de la force et du poids à son action, et qu'il ne soit pas permis à l'égoïsme de relever la tête contre l'intérêt suprême de V. M. Royale, de tous ses fidèles sujets et de la postérité.

» Un monarque comme V. M. Royale, qui porte dans son blason l'amour de ses sujets, ne doit pas partager les soucis d'un despote. Tout abus du pouvoir confié serait terriblement puni ; mais la confiance en la bonne foi peut seule porter les plus grands fruits. Si ce n'est dans ces circonstances critiques, quand la confiante union entre le monarque et le peuple pourrait-elle être plus grande et plus noble ? »

Porteur de la lettre d'York et du projet des Etats, le major Dohna quitta Königsberg le 12 février. Dès le lendemain, un second courrier partait de la ville, emportant de nouvelles lettres et un projet modifié. Un conflit violent venait de s'élever entre le gouverneur militaire et le gouverneur civil. Jusqu'alors le président Auerswald avait gardé un silence que lui imposait la maladie et surtout la crainte de se compromettre. Tout à coup, cet homme, qui n'avait pas su faire usage de son autorité, ni osé prendre une décision lorsqu'il était dangereux de le faire, sortit du mutisme dans lequel il s'était fait oublier. L'omnipotence accordée à la commission générale l'avait effrayé (1), et il avait demandé la réduction de prérogatives « qui eussent causé une trop grande atteinte à toute l'organisation du service, telle qu'elle avait existé jusqu'alors (2) ». Le vieux fonctionnaire se sentait atteint dans son prestige, et le cri qu'il poussait était celui de toute une administration routinière et formaliste qui eût tué la Prusse si des hommes énergiques comme York et Stein ne fussent intervenus pour mettre un terme à ses ridicules prétentions.

Auerswald persistait dans ses récriminations. York, moins violent, plus diplomate que Stein, comprit qu'il fallait ménager une personnalité représentant les préjugés de toute une caste que, pour le moment, on ne pouvait songer à combattre ; il céda, et, tandis que Auerswald adressait à Hardenberg un long rapport pour justifier la bureaucratie prussienne, le général écrivait (3), de son côté, au roi pour lui signaler les motifs de ce changement subit, gardant le secret espoir que le bon sens du monarque rétablirait les textes dans leur sens primitif.

---

(1) Le projet avait été communiqué à Auerswald, dès le 9, par Brandt.
(2) Sr. Excellenz des Königlischen Staats-Kanzlers, Ritter der Königlich-Preussischen und mehrerer anderen hohen Orden, Hern Freiherrn v. Hardenberg. — Königsberg, den 13 Februar 1813. — v. Auerswald.
(3) 13 février 1813.

« Ces observations des hauts fonctionnaires — écrivait-il — démontrent de plus en plus *la nécessité d'un représentant de V. M. Royale dans la personne d'un gouverneur à la fois civil et militaire*, agissant dans le sens des pouvoirs à moi confiés durant l'année 1811. Dans la situation où se trouve et où se trouvera encore l'Etat de V. M. Royale, il ne faut pas que des discussions entre les autorités absorbent le moment favorable pour agir énergiquement : ce qui sera infailliblement le cas en l'état actuel des choses. Des hommes dignes de la confiance de Votre Majesté et de celle de la nation devront être désignés pour trancher sur place les difficultés au nom de Votre Majesté et pour donner à l'exécution des lois de la force et de la vigueur (1). »

York avait le sentiment exact de la situation : la proclamation de la dictature dans chacune des provinces et une décentralisation complète pouvaient seules sauver la Prusse en mettant un terme aux exigences intempestives d'une administration formaliste, qui menait le pays à sa ruine. Tous les patriotes, d'un commun accord, désignaient le conseiller von Schön comme l'homme le plus capable et le plus digne d'exercer, par délégation, l'autorité souveraine.

---

(1) York préconise ici un des agissements de la Révolution française. On sait que la Convention conféra des pouvoirs souverains à un certain nombre de députés qu'elle envoya aux armées avec le titre de représentants du peuple. — C'est grâce à la dictature exercée par Gambetta que la France put, en 1870, lever les armées de la Défense nationale.

V

MOBILISATION DE L'ARMÉE PERMANENTE

Partis qui divisent la cour de Frédéric-Guillaume. — Politique de Hardenberg. — Le roi transporte sa cour à Breslau. — La commission supérieure de gouvernement. — Rappel de Scharnhorst. — Premières négociations avec la Russie. — Entrevue de Stein et du roi de Prusse. — Traité de Kalisch. — Mobilisation. — Émission d'un papier monnaie. — Edit du 9 février. — Rappel des réservistes. — Les chasseurs volontaires. — Les corps francs. — Les chasseurs noirs de Lützow. — Initiative privée. — Les volontaires étrangers de von Reuss. — Les chasseurs étrangers de von Reiche. — Résultats obtenus.

Tandis que ces événements se passaient dans la province de Prusse, le roi demeurait à Berlin plus indécis que jamais. Les places fortes de son royaume étaient occupées par les Français; le Brandebourg était solidement gardé par les 20.000 hommes du général Grenier, tandis que le prince Eugène rassemblait ses forces à Posen et que, plus au sud, les corps de Poniatowski et de Schwartzenberg demeuraient encore intacts en Galicie. Convenait-il de prendre une décision, alors que la politique de l'Autriche demeurait incertaine, et que cette puissance semblait vouloir adopter le rôle d'arbitre entre les belligérants?

Frédéric-Guillaume subissait tour à tour l'influence des deux partis qui partageaient sa cour. D'une part, ceux qu'avaient mécontentés les tentatives de réforme sociale de Stein et de Hardenberg, c'est-à-dire une grande partie de la noblesse, s'étaient groupés autour du feldmarschall Kalkreuth, admirateur de Napoléon, et cherchaient dans l'alliance française le moyen de conserver l'intégrité du territoire. Ils s'effrayaient à la seule idée de déserter le camp de « l'Invincible » pour se jeter dans les bras d'un monarque qui, à Tilsit, ne s'était pas fait scrupule d'accepter une bonne portion des dépouilles de la Prusse (1). D'autre part, le parti national, composé d'ardents patriotes, poussait à une action immédiate contre la France, et ce n'était point sans amertume qu'il voyait trancher à Paris les questions les plus graves concernant les destinées de la monarchie.

Entre ces deux forces contraires, Hardenberg s'efforçait de maintenir l'équilibre par des concessions successives faites à l'un et à l'autre des partis, et Frédéric-Guillaume suivait docilement son chancelier dans cette politique louvoyante. Pour satisfaire les uns, le roi avait destitué York; pour ménager les autres, il avait envoyé Natzmer auprès des Russes. Sous la pression du parti français, il avait rappelé un certain nombre de réservistes, afin de soutenir l'armée de Napoléon; pour complaire au parti prussien, il avait fait courir le bruit que ces nouvelles levées étaient destinées à secouer le joug de l'oppresseur.

Sur ces entrefaites, Natzmer revint à Berlin pour annoncer que les Russes étaient disposés à accepter une alliance. Frédéric-Guillaume ne voulut point encore prendre une décision : les troupes françaises étreignaient son royaume et rendaient impossible un mouvement national; il pensait, non sans raison, qu'il ne devait pas se lancer dans une si grave aventure, sans avoir tout préparé pour assurer le succès.

---

(1) La Prusse avait perdu par le traité de Tilsit : 1° Le duché de Varsovie donné au roi de Saxe; 2° Une partie de la Pologne prussienne remise à la Russie; 3° Danzig devenue ville libre ; 4° Toutes les provinces de la rive gauche de l'Elbe.

Afin d'être plus indépendant, le roi résolut de transporter sa résidence à Breslau, dans la province de Silésie neutralisée par le traité d'alliance conclu avec la France.

La Silésie, à ce moment libre de toute occupation française, était gardée par 8.000 Prussiens qu'allaient renforcer les troupes de la garde, venues à la suite du monarque. Ainsi entouré, Frédéric-Guillaume n'avait plus à redouter un coup de main des Français contre sa personne ; de plus sa nouvelle résidence le rapprochait de l'Autriche, ce qui devait faciliter les relations diplomatiques entre les deux puissances. Il espérait pouvoir suivre en sécurité la marche des événements et tromper plus aisément la surveillance de M. de Saint-Marsan, le trop crédule ambassadeur de France, qui ne cessait de vanter à son souverain « la marche franche et loyale du gouvernement prussien ».

En quittant Berlin, le 22 janvier, le roi avait créé une « *Commission supérieure de gouvernement* » (1), dont le but officiel était de maintenir les amicales relations avec les Français. Afin de remédier à ce que cette innovation pouvait avoir de pénible pour les patriotes, Frédéric-Guillaume rappela auprès de lui le général Scharnhorst qui, en 1812, avait donné sa démission en apprenant qu'une alliance venait d'être conclue avec la France, alors que lui-même négociait un rapprochement avec la Russie. Cette marque de confiance rendue au réorganisateur de l'armée produisit la meilleure impression parmi les partisans d'une politique nationale, et calma leurs craintes.

Confier à l'ancien ministre de la guerre la haute charge de quartier-maître général, c'était donner à la nation

---

(1) *Ober-Regierungs-Kommission.*

entière la certitude que les préparatifs militaires seraient uniquement dirigés contre Napoléon.

Effrayé par les rapports de ses fonctionnaires, qui lui dépeignaient l'exaspération du peuple, craignant que les provinces ne suivissent, pour s'émanciper, l'exemple entraînant de la Lithuanie et de la Prusse, Frédéric-Guillaume se décida enfin à prendre une résolution : le 9 février, le colonel Knesebeck quitta Breslau pour se rendre auprès du tzar et lui proposer une alliance. Il était temps : Alexandre, poussant en avant le vieux maréchal Kutusof, marchait hardiment sur la Prusse pour l'envahir et obtenir par la force ce que n'avait pu encore lui procurer la persuasion.

Knesebeck joignit le quartier impérial russe, le 15 février, à Klodawa. Les négociations se poursuivirent lentement et sans aboutir. D'accord sur le principe et le but de l'alliance, les délégués ne pouvaient s'entendre sur les conditions. Mais la Prusse jouait de bonheur et les événements la servaient à souhait. Le départ précipité de Stein, abandonnant Königsberg après le vote de méfiance des Etats, pouvait, de prime abord, être considéré comme néfaste pour la cause prussienne; au contraire, le retour de l'ex-chancelier au quartier général d'Alexandre allait puissamment contribuer à sauvegarder les intérêts du royaume.

Stein connaissait de longue date le caractère indécis et craintif du roi de Prusse; il savait, pour en avoir fait lui-même l'expérience, combien il était difficile de lui arracher un ordre formel et précis; il comprit de suite la véritable cause de la lenteur des négociations et n'eût pas de peine à démontrer au tzar que c'était à Breslau et non à Klodawa, que devait se conclure le traité. Les conférences ayant lieu dans sa résidence même, Frédéric-Guillaume ne pourrait plus invoquer aucun prétexte pour retarder ses réponses, et serait obligé de donner une signature que lui, Stein, se faisait fort d'obtenir dans quelques jours.

Alexandre eut la sagesse d'écouter son conseiller et, le 24 février, quoique souffrant de la goutte, Stein partit en toute hâte pour Breslau.

Le roi de Prusse reçut très froidement son ancien chancelier, auquel il n'avait point pardonné son ingérence dans les affaires des provinces de Lithuanie et de Prusse, et encore moins la convocation des Etats qui lui avaient dérobé une partie de ses droits souverains. Mais le caractère énergique jusqu'à la violence de Stein devait finalement avoir raison du caractère faible et indécis de Frédéric-Guillaume.

Comme à Königsberg, Stein va droit au but; tous les arguments sont bons pour servir sa cause; il n'hésite même pas à employer la menace; « dans l'emportement de son zèle pour la patrie allemande, il va jusqu'à dire au roi que, s'il ne rompt pas promptement l'alliance française, le tzar est résolu d'annexer, sans délai, à la Russie la province de Prusse jusqu'à la Vistule (1) ». Les incursions incessantes des Cosaques qui poussaient la hardiesse jusqu'à menacer Berlin, la marche elle-même de l'armée de Kutuzof donnaient du poids à cet argument. Aussi Frédéric-Guillaume mit-il à conclure le traité autant d'empressement qu'il en avait apporté jusqu'alors à empêcher les négociations d'aboutir. Le 27 février, le texte des conditions était rédigé (2), et, le 28, Scharnhorst allait le présenter à la signature du tzar à Kalisch.

La nouvelle alliance obligeait la Prusse à mettre sur

---

(1) Charras, « *Guerre de 1813 en Allemagne* », d'après « *Geschichte des Krieges in den Jahren 1813 und 1814* », von Karl Friccius.
(2) Pour le détail des conditions, voyez Charras : » *Guerre de 1813 en Allemagne* ».

pied 80.000 hommes en plus des garnisons des places, et cela dans le plus bref délai possible. C'était une charge lourde pour un pays déjà épuisé par la guerre ; mais Scharnhorst avait tout prévu de longue date et cette prévoyance allait sauver sa patrie.

La mobilisation devait être conduite avec méthode et prudence. Tout d'abord, il importait de dissimuler le plus longtemps possible la convention conclue avec les Russes, de laisser croire, jusqu'à la dernière minute, à Napoléon, que le désir de servir sa cause motivait seul les nouvelles levées. Lorsque l'armée permanente serait renforcée par l'incorporation des réservistes, alors seulement on pourrait songer à former une landwehr et un landsturm. La mobilisation simultanée de l'armée permanente et de l'armée de seconde ligne eût été la plus grave des fautes : elle eût jeté le désordre dans toute la monarchie, d'autant plus que la loi sur la landwehr n'avait jamais été promulguée, et qu'aucune disposition de détail n'avait été prise en vue de son exécution. Des levées aussi considérables eussent éveillé l'attention des Français, qui se fussent opposés par la force aux premiers rassemblements.

Il résulte de ce que nous venons d'exposer que l'exécution des projets de Scharnhorst devait naturellement comporter deux phases bien distinctes : 1° la mobilisation de l'armée permanente ; 2° la promulgation et la mise en pratique de la loi sur la landwehr.

Pour assurer le renforcement de l'armée permanente, le ministre de la guerre eut recours : 1° à l'initiative de l'Etat pour l'appel des 70.000 réservistes instruits depuis 1806 ; 2° à l'initiative des provinces pour la formation de corps spéciaux et notamment de régiments de cavalerie ; 3° à l'initiative privée pour la création de corps francs et de corps de volontaires.

Dès le milieu de janvier, le roi, sous la pression du

parti national prussien, avait ordonné le rappel de tous les hommes en congé et des réservistes domiciliés dans le Brandebourg et la Poméranie, sous prétexte de remplacer au service de la France le corps d'armée avec lequel York venait de passer dans le camp des Russes. Cette mobilisation partielle avait donné au monarque une première idée des difficultés qu'on aurait à vaincre en raison de la pauvreté du Trésor royal. Une ordonnance du 19 janvier avait bien prescrit l'émission d'un papier monnaie; mais, comme le gouvernement de Breslau était loin d'avoir la même énergie que la Convention nationale française, cette nouvelle imitation des agissements de la Révolution ne put aboutir : les assignats prussiens ne vécurent pas plus d'un mois.

Ce que le Trésor public ne pouvait faire fut accompli par la générosité des provinces et des particuliers, qui assurèrent à leurs frais l'habillement et l'équipement des levées nouvelles.

Durant son ministère, Scharnhorst avait manqué d'argent pour créer des magasins d'effets d'habillement et d'équipement; son maigre budget avait été absorbé tout entier par la réfection de l'artillerie et la fabrication des armes : on pouvait, à la rigueur, improviser des uniformes; mais l'armement ne se crée pas en un jour. Au reste, le ministre avait compté sur le patriotisme des Prussiens.

En prenant ses fonctions de quartier-maître général, Scharnhorst comprit que les demi-mesures prescrites par le roi ne pouvaient suffire; il réussit à arracher à Frédéric-Guillaume l'édit du 9 février. Les nombreuses exemptions que comportait le Kantonsystem furent abolies. De 18 à 24 ans, tous les Prussiens, *sans distinction de caste ni de fortune*, furent soumis au service militaire et appelés sous les drapeaux. La *réquisition* était, à son tour, proclamée en Prusse, et le monarque absolu marchait de plus en plus sur les traces de la Révolution française.

Tandis que, par de vaines promesses, le roi et son chancelier s'efforçaient d'apaiser les soupçons de l'ambassadeur de France, la Prusse présentait le spectacle d'une ruche en activité. L'espoir renaîssait au cœur des patriotes et tel village qui, la veille encore, était morne et silencieux, retentissait maintenant de la bruyante agitation de toute une jeunesse désireuse de se battre. Sur les routes, d'interminables colonnes de réservistes se dirigeaient vers les corps qu'ils devaient renforcer. Dans les ateliers, les ouvriers travaillaient nuit et jour à la confection des chaussures, des vêtements, des harnachements, des armes. Les paysans amenaient les chevaux et les voitures requises. Des souscriptions publiques étaient partout ouvertes.

Les réservistes furent incorporés dans les régiments maintenus après le traité de Tilsit (1). Quant aux « Krümper » (2), ils servirent à former des unités nouvelles, et, notamment, 52 bataillons de réserve qui empruntèrent leurs cadres d'officiers en grande partie à l'armée permanente (3).

Le nombre de bataillons de garnison fut porté à 24. Les recrues affluèrent dans les dépôts.

Pour pourvoir au besoin d'une si brusque augmentation des effectifs, les casernements faisaient défaut et les ressources manquaient. Les habitants durent non seulement loger les soldats, mais encore les nourrir.

En dépit de l'intervention des Français qui, sur cer-

---

(1) Voir chapitre II. — De ce fait l'effectif du bataillon fut porté, en moyenne, à 800 hommes, et celui de l'escadron à 150 chevaux.

(2) Nous rappellons qu'il faut entendre sous ce nom les réservistes sans effectation précise.

(3) Pendant l'armistice, ces 52 bataillons furent groupés en 12 régiments de réserve (48 bataillons), les 4 bataillons restant formèrent un nouveau régiment de ligne.

tains points, s'opposèrent de vive force au rassemblement des troupes, la première partie du plan de Scharnhorst s'accomplit sans grande difficulté, du moins en ce qui concerne l'infanterie. Cependant la noblesse et la haute bourgeoisie s'étaient tenues à l'écart du mouvement populaire : elles ne voulaient point combattre dans le rang à côté de leurs vassaux. Le roi avait eu la sagesse de comprendre que le moment serait mal choisi pour réveiller les querelles qu'avaient déjà soulevées les vaines tentatives de réformes sociales entreprises par ses ministres ; mais comme il ne voulait pas laisser sans emploi une notable partie des forces de la nation, il avait adopté une solution habile qui, tout en sauvegardant les intérêts de la défense, ménageait les susceptibilités des hautes classes. L'ordonnance du 3 février, précédant de quelques jours l'édit relatif à la suppression des dispenses, avait décrété qu'il serait formé, dans chaque bataillon d'infanterie et dans chaque régiment de cavalerie, un détachement de « *chasseurs volontaires* » où viendraient s'enrôler les jeunes gens qui consentiraient à s'habiller, à s'équiper, et — dans la cavalerie — à se remonter à leurs frais. En échange de ces sacrifices pécuniaires, on leur promettait de les dispenser des corvées militaires et de leur attribuer plus tard, suivant leurs aptitudes, un certain nombre d'emplois de sous-officiers et même d'officiers dans les nouvelles formations. Pour exciter les bonnes volontés et pour prévenir les faiblesses, le roi promettait des récompenses aux soldats courageux et déclarait fermement qu' « *aucune charge, fonction ou dignité ne pourrait être accordée à un sujet prussien qui, remplissant les conditions requises par la loi militaire, n'aurait pas pris part à la guerre soit comme soldat, soit comme volontaire* » (1).

---

(1) Il serait désirable qu'une pareille déclaration fût reproduite

Les faveurs accordées aux volontaires allaient attirer dans les détachements de chasseurs la classe la plus aisée et la plus instruite de la population (2), celle que, ses préjugés avaient jusqu'alors retenue à l'écart, et dans laquelle, en temps ordinaire, se recrutait le corps d'officiers. Exercés par des gradés d'élite (3), les chasseurs étaient destinés à constituer une véritable pépinière de gradés.

Dans l'artillerie et le génie, les volontaires furent mélangés aux autres hommes de troupe et ne formèrent pas de détachements spéciaux. Il faut rechercher le motif de cette exception dans la difficulté qu'il y aurait eu à fournir à ces fractions le matériel nécessaire à une instruction dirigée dans un sens tout pratique.

Ce ne fut que dans les derniers jours de février que commencèrent à se former les détachements de chasseurs; il ne pouvait en être autrement, étant donné la publication tardive de l'édit, surtout dans les provinces les plus éloignées de la monarchie. Les volontaires se rassemblaient sur des points déterminés où ils étaient formés en détachements et dirigés ensuite sur les corps de leur choix. La plupart s'engageaient dans l'infanterie

---

en tête de toutes nos lois françaises civiles et militaires. Nous ne ferions d'ailleurs qu'imiter nos ancêtres de la Révolution : « Des lauriers ne sont pas faits pour ces êtres vils que le bruit d'une nombreuse artillerie ou la vue de quelques ulans effraie. Qu'ils retournent dans leurs obscures demeures! Qu'ils aillent y cacher leur honte! Et s'ils n'y périssent pas de regret et de douleur, que le mépris de leurs concitoyens venge à jamais la République du refus qu'ils ont fait de marcher sous ses ordres à la défense de la Liberté! » (Rapport des citoyens Gossuin, Merlin de Douai, Camus et Treilhard, représentants du peuple à la Convention nationale. Bruxelles, 18 mars 1792.)

(2) Les auteurs prussiens estiment à 50 p. 100 la proportion des volontaires appartenant aux classes instruites.

(3) Ces instructeurs furent fournis par l'armée permanente; mais les chasseurs avaient le droit d'élire leurs officiers. C'était encore un emprunt — non des meilleurs — aux agissements de la Révolution française.

et surtout dans la garde; aussi, dès le mois de mars, tous les bataillons de cette troupe d'élite avaient-ils leurs détachements de chasseurs au complet.

Dans la cavalerie, la formation des détachements de chasseurs fut plus lente : cette arme nécessitait en effet des hommes ayant des aptitudes spéciales, lesquels, bien souvent, étaient empêchés par la difficulté de se procurer une monture et un harnachement.

L'artillerie compta, à peu de chose près, le même nombre d'engagements que la cavalerie. Quant au génie, il semble avoir été le moins favorisé : le service y était pénible et, pour beaucoup, les travaux de siège offraient moins d'attrait que la guerre en rase campagne.

Lorsque les ordonnances des 3 et 9 février furent connues en Lithuanie et dans la province de Prusse Orientale, elles y excitèrent le plus vif enthousiasme. La population y vit une preuve que le roi ne tiendrait pas rigueur à ses représentants des décisions hardies prises à Königsberg; elle comprit que cet appel aux armes ne pouvait être dirigé que contre l'ennemi de la patrie, contre l'oppresseur de la nation allemande. Dans les détachements de chasseurs accoururent rapidement un grand nombre de volontaires équipés à leurs frais, ou par les communes, ou même par des particuliers.

Tandis qu'à la fin de mars les détachements de chasseurs étaient encore en formation dans les troupes venues des provinces du Nord, les dernières averties, ils étaient totalement organisés dans l'armée que Blücher avait levée en Silésie. Cependant leur instruction était loin d'être complète : ce qui n'a rien de surprenant, attendu que les premiers volontaires arrivés portaient l'uniforme depuis quatre semaines à peine. Il fallait leur apprendre encore bien des choses avant de les conduire au feu; tout cela se fit chaque jour durant les marches.

Comme nous l'avons dit, les chasseurs étaient dispensés

— 100 —

de certaines corvées qui incombent aux hommes de troupe; leurs sacs étaient même portés sur des voitures. Cette mesure, prise à la suite des premières étapes, avait pour but de ménager leurs forces : car, arrivés au cantonnement, ils étaient astreints à divers exercices constituant pour eux un supplément de fatigues. Pendant deux heures, on leur enseignait le service en campagne et le tir à la cible. Chaque soir ils prenaient les avant-postes, comme s'ils se fussent trouvés en présence de l'ennemi. Pour leur apprendre les devoirs des sentinelles et la marche des patrouilles, on adjoignait à chacun d'eux un soldat exercé (1). Souvent, au milieu de la nuit, on sonnait l'alarme « pour démontrer pratiquement aux hommes, combien il est utile, dans les cantonnements, de disposer en bon ordre les armes et les effets (2) ».

Dans la cavalerie, l'instruction se compliquait des exercices d'équitation. « Durant les jours de repos, on apprenait aux volontaires à monter à cheval. Dans cette instruction, on s'efforçait de faire acquérir l'assiette aux débutants et de leur enseigner à diriger leurs montures autant que cela était compatible avec la nécessité de ménager les chevaux (3). »

En ce qui concerne le service en campagne, exercice dans lequel on fait surtout appel au jugement, les chasseurs purent acquérir assez vite une certaine pratique; mais il est une partie de l'instruction militaire qui nécessite un long apprentissage, c'est le tir. Le général Scharnhorst avait prévu la difficulté d'improviser des tireurs; cependant tous ses efforts pour développer les sociétés de tir n'avaient pu remédier que dans une bien faible mesure au manque d'instruction des volon-

---

(1) Ordre de Blücher. Quartier général d'Altenbourg.
(2) *Tagebuch des Garde-Fusilier-Bataillon.* 25 mars.
(3) *Tagebuch des Ostpreussischen Kürassier-Regiment*, 20 mars.

taires. « Jusqu'ici ils se sont montrés fort mauvais tireurs — lit-on, à la date du 14 avril, dans le journal du bataillon de fusiliers de la garde — et, au point de vue pratique, il y a peu à attendre de ces soldats qui manquent de bonnes armes ou ne savent pas s'en servir. La plus grande bravoure ne pourra remplacer ce qui leur fait défaut. »

Enfin, pour achever de dépeindre les détachements de volontaires, nous ferons observer que la dénomination de « chasseurs » communément employée, comprenait, dans l'infanterie, deux catégories de soldats bien distinctes : les *Büchsenjäger* et les *Flintenjäger*. Parmi les premiers, armés de la carabine, moins lourde à porter que le fusil, comptaient les volontaires *équipés à leurs frais* (1), c'est-à-dire appartenant aux classes les plus aisées et les plus instruites, à « la fine fleur de la nation (2) ». Les seconds, armés, comme le reste des troupes, du fusil à baïonnette, avaient été équipés, en général, à l'aide de fonds remis aux corps et provenant de dons patriotiques; ils appartenaient aux classes moins riches.

On avait compris ces deux catégories sous le même nom de « chasseurs volontaires » et on leur avait donné, en principe, les mêmes avantages, selon la volonté du roi — il serait peut-être plus exact de dire : suivant les principes égalitaires de Hardenberg. — La distinction qui s'était faite dans la pratique était une dernière concession accordée à la noblesse et à la haute bourgeoisie; pour ces classes orgueilleuses, c'eût été déchoir que de ne pas être distinguées de la foule de pauvres hères qui, n'ayant pas un sou vaillant pour se procurer une cara-

---

(1) On les désignait sous le nom de » Selbstequipirte », généralement employé dans les rapports officiels.
(2) « Die Blüthe der Nation. »

bine, étaient obligés de se contenter du fusil des simples soldats. De longue date l'Allemagne a été la terre des étudiants pauvres, véritables bohêmes à l'affût d'un diplôme, tapageurs, batailleurs, imbus des idées nouvelles, membres assidus des sociétés secrètes. Ce sont ces étudiants qui composaient la majeure partie des *Flintenjäger*, avec les domestiques que les fils de la noblesse traînaient à leur suite. Sans fortune, leur bagage était léger et le sac, lorsqu'ils devaient le porter, ne pesait pas lourd sur leurs épaules, tandis que les *Büchsenjäger*, soucieux de leurs commodités, s'encombraient de toutes sortes d'effets superflus (1). Les uns se tenaient en ordre dans le rang; les autres supportaient mal le joug de la discipline et traînaient sur les routes qu'ils encombraient de leurs inutiles personnalités. Ce n'est qu'à la longue que cette cohue prit un semblant de cohésion.

Sur les champs de bataille, où ils combattirent avec les corps auxquels ils étaient attachés (2), les chasseurs se montrèrent peu propres à la lutte. Leur manque d'instruction les exposait à plus de pertes que les autres troupes et, d'autre part, les trouées faites dans leurs rangs ne pouvaient être que fort difficilement comblées, la promulgation de la loi sur la landwehr retenant presque tous les hommes qui eussent pu encore s'engager. Les sujets d'élite furent rapidement absorbés pour pourvoir aux vacances de sous-officiers et d'officiers, soit dans l'armée permanente, soit dans la landwehr. Il en résulta que les détachements de chasseurs ne comptèrent bientôt plus que des hommes sans instruction ou sans valeur, qui ne tardèrent pas à peupler les hôpitaux et dont la mauvaise conduite fut cause du jugement sévère que

---

(1) « Tagebuch des Garde-Fusilien-Bataillon », 25 mars.
(2) Ordre de Blücher sur l'emploi des chasseurs au combat, 23 avril 1813.

les généraux (1) et, après eux, la postérité portèrent sur l'institution toute entière (2).

L'institution des chasseurs volontaires, excellente en principe, fut viciée par la mise en pratique. Là comme ailleurs, les Prussiens ne surent pas se borner et voulurent faire trop grand. Les détachements furent trop nombreux et d'un trop fort effectif (3). On y reçut indistinctement tous les volontaires, alors qu'il eût fallu opérer une sélection sévère pour ne conserver que des hommes dignes, par leur instruction et leurs mérites, d'aspirer au grade d'officier ou de sous-officier. Le choix que l'on fit ultérieurement parmi un nombre trop considérable de candidats, excita la jalousie des moins favorisés et les poussa à l'indiscipline; beaucoup désertèrent et les effectifs se fondirent rapidement (4).

L'édit du 3 février qui créait les détachements de chasseurs volontaires, faisait également appel à l'initiative individuelle pour la formation de corps francs considérés, au même titre que les chasseurs, comme une augmentation de l'armée permanente.

Il entrait dans le premier plan défensif de Scharnhorst de conduire autour des forteresses une guerre de

---

(1) Blücher les appelle dans un ordre : « Cette mauvaise herbe de chasseurs » (Diese Jäger-Unkraut).

(2) Nous trouvons-là une nouvelle preuve de la difficulté d'improviser des soldats même avec des hommes instruits et intelligents. Les volontaires français de la Révolution ne valaient pas mieux, Carnot disait d'eux : « Ils ne veulent s'assujettir à aucune discipline; ils sont les fléaux de leurs hôtes et désolent nos campagnes ». (Rapport du 29 avril 1792.)

(3) Certains régiments, dès le milieu de mars, avaient déjà 400 chasseurs volontaires. A la même époque, la garde en comptait 1.598.

(4) A la date du 31 août, les contrôles du corps d'York permettent de constater que, sur 1.011 chasseurs volontaires à pied, il n'en restait plus que 144. Sur 693 volontaires à cheval, 350 seulement étaient encore présents. Et cependant ils avaient été recrutés parmi les populations les plus patriotes de la monarchie.

chicane, analogue à celle que les guérillas faisaient aux Français en Espagne, et dans laquelle les corps francs avaient un rôle tout indiqué. L'ancien ministre de la guerre avait plus d'une fois songé à l'organisation de ces corps; il les voulait en petit nombre, mais bons. Or, pour les avoir bons, il fallait les doter de cadres solides et mettre à leur tête des chefs capables et hardis, sous peine de n'avoir que des bandes sans discipline plus funestes au pays que l'ennemi lui-même. La pénurie des cadres, aussi bien que l'adoption d'un nouveau plan de campagne offensif, suffisent à expliquer le nombre restreint des formations franches autorisées.

La croyance, basée sur des faits de sympathies, que la cause de la Prusse pourrait trouver des défenseurs même en dehors de ses frontières, donna naissance à un grand nombre de projets de formation de corps francs; quelques-uns seulement furent mis en pratique. Le premier et le plus célèbre de ces corps fut celui des majors von Lützow et von Petersdorff.

Lützow, un ancien compagnon de Schill, était accouru à Breslau dans le but d'y lever un corps mixte d'infanterie et de cavalerie. Soumis au roi, à la date du 9 février, ce projet reçut son assentiment dans un ordre de cabinet du 18, intéressant à considérer, car il montre combien les Prussiens étaient désireux de règlementer sévèrement ces levées particulières, afin de ne point sombrer dans les errements de la Révolution française en les laissant dégénérer en désordre.

Le recrutement, l'habillement, la remonte des hommes et des cadres du corps de Lützow devaient se faire uniquement au moyen de ressources étrangères à la Prusse; l'Etat s'engageait cependant à fournir des armes à ceux des volontaires qui n'en apporteraient pas. « J'admets — ajoutait le roi — que vous me proposiez, pour servir dans votre corps, des officiers ayant quitté l'armée, et surtout des officiers étrangers, *pourvu qu'ils soient d'une conduite irréprochable.* » Dans le cas où le corps ne réussirait pas à atteindre un effectif suffisant pour lui permettre d'agir isolément, il serait fondu dans les troupes de l'armée permanente. Au reste, Lützow gardait toute initiative et il lui était permis de donner à ses soldats un uniforme noir.

Grâce à la Presse, l'appel de Lützow et de Petersdorff s'envola à travers toute la monarchie jusque dans les pays allemands. Partout la proposition fut bien accueillie. L'idée d'appartenir au « corps franc noir (1) », était faite pour tenter la jeunesse des Universités; aussi, dès le 21 mars, l'infanterie comptait-elle un bataillon à 4 compagnies avec un effectif total de 811 hommes. La formation de la cavalerie avait été relativement aussi rapide; à cette même date, elle possédait déjà deux escadrons, soit en tout 236 chevaux.

A la fin de mars, le corps franc, instruit à la hâte, entra en Saxe pour marcher à l'ennemi. Durant les étapes de Dresde à Leipzig, plus de 500 hommes, accourus à l'appel de ses chefs, formèrent le noyau d'un deuxième bataillon.

Du Brandebourg arriva, vers la fin d'avril, un troisième escadron levé par le capitaine von Bismarck, tandis que le lieutenant Riedel recrutait, jusque dans le Tyrol, une compagnie qui permit de compléter l'organisation du deuxième bataillon. Une troisième unité d'infanterie ne tarda pas à se former à Havelberg, où avait été transporté le dépôt du corps, à la suite de la retraite des alliés sur l'Elbe.

---

(1) « Schwarze-Frei-Schaar ». — C'était une réminiscence du fameux corps franc de Brunswick (1809). Körner, qui s'y était enrôlé, lui a consacré ses plus belles poésies. (Lied zur feierlichen Einsegnung des preussischen Freicorps. — Jägerlied. — Lied der Schwarzen Jäger. — Lützow's wilde Jagd.)

En juillet, la cavalerie, en dépit des pertes sérieuses qu'elle avait subies dans l'échauffourée de Kitzen (1), comptait cinq escadrons. Le Ministre de la guerre, von Ross, avait fait présent au corps de deux vieux canons de fer, qui constituèrent une section à cheval; tandis que le lieutenant Fritze levait en Silésie une demi-batterie de trois pièces (2). Le dépôt, enfin, était largement approvisionné en hommes, chevaux et munitions (3).

Dans une étude antérieure, nous avons exposé les opérations du corps franc de Lützow, qui acquit en Prusse une réputation légendaire. Nous ne le suivrons pas dans ses pérégrinations à travers l'Allemagne, les Pays-Bas et la France. A la fin de la campagne de 1814, il fut licencié (4). Le corps de Lützow fut la seule des formations dues à l'initiative privée qui fut employée comme corps franc au sens propre du mot. La petite guerre que les Alliés conduisirent avec tant d'énergie et d'habileté sur les derrières de l'armée française, fut menée presque exclusivement avec des détachements prélevés sur les troupes permanentes. Pour tenir la campagne durant des semaines entières, sans communication possible avec les armées amies, pour vivre sur le pays sans se débander, pour effectuer d'audacieux coups de main, pour endurer les fatigues des marches de nuit et du mouvement perpétuel, qui est la seule sauve-garde

---

(1) Voir, au sujet des opérations des corps francs prussiens, notre étude sur : *Les corps francs dans la guerre moderne; les moyens à leur opposer.* (Librairie H. Charles-Lavauzelle.)

(2) Cette artillerie fut augmentée, dans la suite, de quelques nouvelles pièces.

(3) *Geschichte des Lützowschen Frei-Corps*, von Ad. S., Berlin 1826.

(4) Les hommes qui consentirent à demeurer au service contribuèrent à former le 25e régiment d'infanterie. Les cavaliers furent versés dans le 6e ulans ; l'artillerie, dans la brigade de cette arme, en Silésie.

des corps francs, il importe que ceux-ci soient constitués avec un petit nombre d'hommes d'élite, rompus à toutes les ruses de la guerre, robustes et audacieux, se pliant à tout instant aux exigences d'une rigide discipline. Les levées faites à la hâte ne sauraient offrir de pareilles garanties ; aussi Scharnhorst ne voulut-il y voir qu'un moyen de faire appel au concours des Allemands disposés à embrasser la cause de la Prusse.

Dans les pays au-delà de l'Elbe qui, avant la paix de Tilsit, avaient appartenu à la monarchie prussienne, dans la Westphalie, le Hanovre, le Brunswick, la Hesse, les populations aspiraient les unes à retrouver leur ancienne patrie, les autres à reconquérir leur autonomie. Il serait trop long et inutile d'énumérer ici les différentes tentatives faites par les Allemands pour secouer le joug qui pesait lourdement sur eux. Les conspirations avaient échoué sans abattre la confiance et la foi en l'avenir de populations sans cesse excitées par les sociétés secrètes. Lorsque la Prusse commença ses armements, tous les Etats voisins entrèrent en effervescence et se préparèrent à profiter des événements qui allaient se produire. Ces dispositions devaient naturellement donner encore plus d'extension au projet de créer des corps de volontaires étrangers. Dès les premiers jours de février, les propositions les plus diverses parvinrent au roi ; la plupart étaient des utopies, et celles qui présentaient un côté vraiment pratique étaient trop nombreuses pour être toutes acceptées. Le chancelier Hardenberg crut devoir donner avis qu'à l'avenir, il y aurait lieu de renoncer à présenter des projets d'organisation, dont l'exécution nécessitait l'existence ou la création de moyens qui faisaient totalement défaut. « Par contre — ajoutait-il, — le roi acceptera avec reconnaissance, comme un présent hautement apprécié, tout don volontaire qu'un sentiment de patriotisme poussera à faire pour le bien de la patrie, que ce don soit offert par des isolés ou par des associations, et quelque faible qu'il puisse être (1). »

Parmi les formations autorisées qui reçurent une complète exécution, deux méritent particulièrement de fixer notre attention.

En date du 12 mars, le lieutenant-colonel von Reuss avait reçu plein pouvoir pour former « un ou plusieurs bataillons de volontaires étrangers ». De nombreux volontaires westphaliens avaient immédiatement répondu à son appel. Afin d'accélérer encore l'organisation de son corps, von Reuss demanda et obtint l'autorisation d'étendre l'enrôlement à tous les prisonniers de guerre, particulièrement à ceux provenant des armées westphalienne ou saxonne. Cette adroite disposition donna tous les résultats qu'on en attendait : pour reconquérir une liberté relative, pour échapper à la prison et aux mauvais traitements, parfois aussi — il est juste de le reconnaître — par patriotisme, les prisonniers s'engagènent en masse au risque de combattre contre leurs propres concitoyens (2).

A la fin d'avril, le premier bataillon était habillé, équipé, armé et instruit suffisamment pour pouvoir entrer en ligne. Le 16 mai, il quitta Berlin, n'y laissant que les cadres nécessaires à la formation d'une deuxième unité, et rejoignit la brigade du général von Boyen à laquelle le roi venait de l'affecter.

---

(1) Breslau, 22 mars 1813.
(2) L'idée n'était pas nouvelle. Arndt rapporte que, dès les débuts de la campagne de 1812, Stein avait organisé en Russie, avec l'or du tzar, une légion allemande. Cette troupe, placée sous les ordres du duc d'Oldenburg, se recruta d'abord parmi des volontaires émigrés des armées prussienne, bavaroise, westphalienne et saxonne. Dans la suite, on y incorpora les prisonniers désireux de se soustraire aux rigueurs de la captivité en Sibérie. En 1813, York y puisa quelques éléments pour réparer ses pertes (environ 5.000 hommes).

La défaite de Lützen refroidit l'enthousiasme des premiers jours; elle fit perdre confiance aux Allemands et les amena à penser que toute tentative pour reconquérir leur liberté, non seulement serait vaine, mais attirerait sur leur tête les représailles terribles des Français. Les engagements cessèrent net; seuls les prisonniers continuèrent à affluer dans le corps de von Reuss. La plupart d'entre eux étaient internés à Kolberg où les Anglais débarquaient sans cesse de l'argent, des armes, des munitions, des équipements, des uniformes, en un mot, toutes les choses nécessaires à la guerre. Pour faciliter les enrôlements, le dépôt du corps des volontaires fut transporté de Berlin à Greiffenberg où l'organisation prit un rapide essor. Dès la fin de juin, le deuxième bataillon alla rejoindre à Potsdam, le premier bataillon qui s'y était retiré pendant l'armistice; leur réunion forma le « *régiment d'infanterie de l'Elbe* », qui reçut, en octobre, une troisième unité. Plus tard, l'échec des Français et leur retraite vers le Rhin permirent d'organiser un quatrième bataillon. Après avoir combattu dans le corps de Bülow, le « régiment de l'Elbe », maintenu après la paix, forma le 26° régiment d'infanterie actuel.

L'organisation du « *bataillon royal prussien de chasseurs étrangers* » du capitaine von Reiche fut un peu différente.

Le capitaine en retraite von Reiche avait pris part aux travaux topographiques exécutés en Westphalie, avant 1806, sous la haute direction du général von Le Coq. Au cours de cette mission, il s'était créé de nombreuses relations qu'il avait su conserver, et dont il voulut tirer profit pour le service de sa patrie. Il avait une connaissance approfondie des ressources que pouvaient fournir les diverses provinces de la monarchie du roi Jérôme; il était en rapport continu avec les sociétés secrètes, et avait pris une part active aux différentes tentatives d'insurrection qui avaient eu lieu dans ce pays. Il forma le projet de lever un corps de volontaires, soumit ses propositions au roi de Prusse et, sans attendre une réponse, passa à l'exécution. L'ordre de cabinet du 10 mars, qui apporta à von Reiche le consentement royal, ne déterminait ni l'effectif du corps, ni la nature de l'arme qui devait le composer. Plus tard, le roi trouva nécessaire de limiter cette formation à un seul bataillon d'infanterie; la levée de la cavalerie présentait en effet de grandes difficultés, et il importait de ne pas les accroître encore en laissant disperser cette arme entre les petits détachements qui se créaient de toutes parts. La limite imposée à l'infanterie était motivée par ce fait qu'on avait constaté que la plupart des volontaires au titre étranger étaient des Prussiens, et surtout des Berlinois, désireux de se soustraire au service dans les troupes de ligne. C'était un grave abus auquel il fallait mettre un terme, et qui fut probablement la cause du transfert du bataillon à Lenzen sur le Bas-Elbe, où son effectif s'accrut jusqu'à 800 hommes par l'incorporation de déserteurs ou de prisonniers westphaliens. L'habillement s'était fait rapidement, grâce aux ressources venues d'Angleterre; les armes avaient la même provenance et le bataillon offrait cette originalité *de se présenter sous un uniforme anglais.*

Le bataillon von Reiche servit successivement sous les ordres de Bülow et de Valmoden. En 1815, il contribua à la formation du 27° régiment d'infanterie actuel concurremment avec le bataillon d'infanterie de Helwig et autres formations similaires, dont il serait trop long de parler ici.

Si on jette un coup d'œil d'ensemble sur la mobilisation et le renforcement de l'armée permanente, on peut constater que les plans élaborés par le général Scharnhorst durant la période qui suivit le désastre d'Iéna, furent strictement exécutés et qu'ils portèrent leurs fruits. Les régiments de ligne avaient rapidement incorporé leurs réservistes avant de se concentrer; des bataillons nouveaux avaient été créés au moyen des « Krümper »; des unités avaient été formées de toutes pièces, grâce au concours de l'initiative privée habilement dirigée par l'autorité militaire. L'armée prussienne était prête à entrer en campagne; son effectif avait été plus que triplé et porté à 128.571 hommes; en arrière d'elle se formait la landwehr.

VI

LES ORDONNANCES SUR LA LANDWEHR ET LE LANDSTURM

Arrivée du major Dohna à Breslau. — Entrevue de Dohna et de Scharnhorst. — Opposition apparente de Scharnhorst. — Les gouvernements militaires. — Leurs inconvénients. — Motifs véritables de cette solution. — L'appel au peuple du 17 mars. — Promulgation de la loi sur la landwehr. — Différences entre les actes de Königsberg et de Breslau. — Difficulté de recruter les officiers. — Le landsturm.

Le major Louis Dohna, porteur de la lettre du général York et du projet de loi voté par les Etats de Königsberg, arriva à Breslau le 23 février.

Joignant à une indomptable énergie une grande douceur de caractère, possédant une gaîté naturelle et de bon aloi, le major Dohna savait se concilier toutes les bienveillances par ses manières affables; il maniait facilement la raillerie et son esprit mordant le faisait redouter de ses adversaires (1). Tel était l'homme qui allait défendre devant le roi les projets des Etats de Lithuanie et de Prusse. Il était taillé pour la lutte et son choix donnait la certitude du succès.

L'enthousiasme qui régnait partout était un bon présage pour le messager. Cependant, au cours de son voyage, une chose avait frappé le major Dohna: aucune disposition n'avait encore été prise relativement à la landwehr. Dans les localités qu'il avait successivement tra-

---

(1) *Zum Andenken des Grafen Ludwig Moritz Achatius zu Dohna.* (Extrait du *Preussischer Correspondent.* — Berlin 1814.)

versées, tout se préparait en vue de la mobilisation de l'armée permanente. A Breslau, l'agitation était à son comble; les hôtels, les auberges, les maisons particulières regorgeaient de soldats et de volontaires accourus pour s'enrôler. Mais, dans cette foule, il n'était nullement question de la landwehr. Qu'était devenu le projet élaboré par Scharnhorts et approuvé par le roi en 1808 ? Pourquoi ne le mettait-on pas en pratique ?

Certes, Dohna aurait eu tort de douter un seul instant de l'activité du quartier-maître général de l'armée. Dès les premiers jours de février, Hardenberg et Scharnhorst s'étaient préoccupés de l'application de la loi sur la landwehr et ils en avaient prévu tous les détails. Pour la bonne exécution des levées, ils comptaient sur le patriotisme de la nation; pour l'habillement, l'équipement et l'entretien, sur la libéralité des provinces et des particuliers; seul l'armement semblait difficile à réaliser. Les arsenaux étaient presque complètement vides, après avoir fourni les armes nécessaires aux réservistes et aux nouvelles formations de l'armée permanente. On travaillait activement dans les manufactures; mais il était à prévoir que leur rendement serait de beaucoup inférieur aux besoins de la landwehr. Cependant, ces difficultés matérielles n'étaient point les seules causes du retard apporté dans la promulgation d'une loi depuis longtemps établie; le zèle de Scharnhorst et de ses collaborateurs se heurtait à un obstacle insurmontable : à l'indécision du roi et à ses craintes chimériques.

En arrivant à Breslau, le premier soin de Dohna fut de se rendre auprès du quartier-maître général. « J'assistai moi-même à la conférence qui eut lieu entre Scharnhorst et Dohna, peu d'heures après l'arrivée de ce dernier — écrit le premier président von Merkel (1).

---

(1) Lettre au major von Vinke.

Le général mettait en doute la possibilité d'étendre à tout l'Etat prussien l'application du projet de loi sur la landwehr. Il en venait toujours à l'idée de renforcer le plus possible l'armée permanente. La landwehr, le landsturm et l'armée de ligne, qu'il se figurait toujours l'un à côté de l'autre, formaient, à ses yeux, un ensemble impossible à réaliser. »

Scharnhorst, qui avait passé tant de veilles à élaborer un projet de loi sur la landwehr, qui l'avait perfectionné sans cesse et qui, tout récemment encore, envisageait l'éventualité de son application, Scharnhorst avait-il subitement modifié ses idées à ce point de rejeter de prime abord des propositions dans lesquelles il pouvait lire sa propre pensée? Le chancelier von Beyme a essayé d'expliquer ce qu'une pareille conduite peut avoir d'invraisemblable : « Je dois me permettre de vous faire souvenir d'une particularité du caractère de Scharnhorst qui ne vous est pas inconnue — écrit-il au président Schön en lui communiquant la lettre ci-dessus mentionnée de von Merkel. — Cette particularité le poussait à combattre, d'une façon apparente, les dispositions qu'il approuvait, ou que lui-même avait fait présenter par d'autres; il agissait ainsi afin de laisser vaincre son opposition, et, avec elle, celle de tous les opposants. Quant à moi, étant donné ma connaissance approfondie de cet homme, étant donné que je l'ai vu à l'œuvre dans l'élaboration d'autres grands plans et d'autres grandes organisations militaires, pour lesquels il sollicitait le concours de ma modeste coopération, je suis enclin à croire que son opposition à la landwehr était plus apparente que réelle. »

En Prussien respectueux de l'autorité royale, Beyme ne révèle pas tout le fond de sa pensée; il ne fait que constater une habitude prise par Scharnhorst et se garde bien de dire quels motifs l'ont fait naître. En réalité, l'esprit inquiet de Frédéric-Guillaume s'effrayait à l'idée d'armer le peuple. Le roi avait témoigné le plus vif mécontentement de l'initiative prise par les Etats provinciaux de Lithuanie et de Prusse. Jaloux de son autorité absolue, il n'était pas loin de considérer comme rebelles des sujets qui, sans le consulter, s'étaient armés pour sauver sa couronne. Il redoutait un mouvement populaire, et s'était sans doute montré hostile à toutes les démarches que Hardenberg et Scharnhorst avaient faites en vue de lui arracher un édit sur la landwehr. Pour ne pas perdre toute influence sur l'esprit du roi, Scharnhorst avait eu recours à une tactique qui lui avait maintes fois réussi : il avait feint de céder et de renoncer à ses projets. C'était une habile politique que celle de laisser à Dohna le soin de justifier les Etats de Königsberg et de vaincre les dernières hésitations du monarque. Répondant pleinement à l'attente de Scharnhorst, Dohna défendit avec chaleur et conviction les propositions qui faisaient l'objet de son message. « Louis Dohna remporta de haute lutte tout l'ensemble du projet. Lorsqu'il eut enfin accordé au général Scharnhorst qu'on devait commencer par compléter le plus possible les effectifs de l'armée de ligne et par lever dans ce but le nombre d'hommes jugé nécessaire, il lui demanda, ce résultat étant obtenu, de ne faire aucune opposition à ce qu'il fût permis à la province de Prusse d'équiper en surplus 30.000 hommes de landwehr. Scharnhorst s'intéressa alors, lui aussi, à la cause de la landwehr et s'empara avec ardeur de cette idée (1). »

Encore une fois la ruse avait pleinement réussi : Scharnhorst, semblant défendre ouvertement les idées du monarque, s'était laissé convaincre et avait entraîné son maître dans sa conviction. Désormais, il pouvait

---

(1) *Das Leben des Staatsministers Graf Dohna*, von F. Voigt.

parler en toute franchise. « Il salua les décisions prises par la Prusse orientale comme une belle garantie de l'heureuse issue de la lutte qui s'engageait. En public comme dans ses conversations privées, ce fut avec la plus grande considération qu'il parla des hommes qui avaient su conduire à bien cette œuvre patriotique. Seulement, sa situation aussi bien que sa connaissance approfondie des choses de la guerre lui faisaient un devoir de mettre au point tout ce qui lui semblait défectueux dans le plan (qui lui était soumis) et d'y établir l'harmonie avec l'ensemble des projets adoptés. Naturellement ces modifications ne purent se faire sans un long échange de notes, et Scharnhorst, qui n'était pas la seule personnalité de l'Etat, eut à subir bien des pourparlers, à tenir compte de bien des opinions, à lever bien des doutes; tout cela lui fit perdre beaucoup de temps (1). »

D'ailleurs, l'opposition du roi était loin d'être complètement vaincue; Frédéric-Guillaume avait admis en principe le projet de loi qui lui était présenté; mais il se refusait obstinément à approuver la création des commissions générales dont il redoutait l'omnipotence; la protestation d'Auerswald avait réveillé ses craintes que n'avaient pu apaiser ni les explications, ni les sages avis du général York. Une extrême méfiance était le propre du caractère du roi et il est curieux de voir ce monarque, redoutant de perdre sa couronne du fait de l'étranger, agir comme s'il voulait la disputer à son peuple qui s'armait pour la défendre.

Tout autre que le major Dohna se serait laissé rebuter. Pendant dix-huit jours, il renouvela ses démarches, affirmant sans cesse que les commissions générales étaient

---

(1) *Beiträge zur Kenntniss des General von Scharnhorst*, von Boyen.

un organe indispensable « sans lequel on ne pourrait jamais conduire à bonne fin la levée de la landwehr (1) ». Enfin, son insistance eût raison des dernières hésitations du monarque. « Maintenant — écrit-il à son frère (2) — je peux t'affirmer avec certitude que la landwehr sera levée très énergiquement dans toute la monarchie et que, dans quelques jours, la loi qui la concerne sera achevée. Elle s'écarte toujours un peu de nos projets prussiens. »

Désormais, le roi n'avait plus de ménagements à garder envers les Français ; il se décida donc à laisser tomber le masque qui lui avait permis de tromper pendant si longtemps l'ambassadeur de Napoléon : la « Commission supérieure de Gouvernement » fut supprimée. Toutefois, avant de promulguer la loi à laquelle il venait de consentir, Frédéric-Guillaume voulut prendre quelques dispositions préparatoires.

L'ordre de cabinet du 14 mars divisa la monarchie en quatre grands gouvernements présidés à la fois par un gouverneur militaire et un gouverneur civil. « J'attache une grande importance — écrivait le roi (3) — à ce que désormais, en raison du changement apporté dans notre politique, toutes les affaires militaires soient conduites avec jugement et surtout avec énergie. »

Les quatre gouvernements militaires nouvellement créés offraient cette particularité que leurs limites étaient déterminées par les trois grands fleuves découpant la monarchie en bandes parallèles. Les divisions étaient ainsi établies :

---

(1) Lettres du 28 février et du 2 mars, du major Dohna à son frère.
(2) Lettre du 13 mars.
(3) *An die Mietglieder der Ober-Regierungs-Kommission.* (Lettre du 15 mars 1813.)

1° Entre Elbe et Oder, à l'exclusion de la Silésie;
2° La Silésie;
3° Entre Oder et Vistule, à l'exclusion de la Silésie;
4° Entre la Vistule et la frontière russe.

Communiquant directement avec le chancelier d'Etat, les gouverneurs militaires et les gouverneurs civils étaient munis des pouvoirs les plus étendus pour trancher sur place toutes les difficultés relatives à la mobilisation et, en général, aux affaires militaires; ils jouissaient même du droit de diriger la haute police et la police de sûreté. Des instructions précises déterminant leurs attributions et leurs devoirs, fixaient leurs rapports entre eux. Après la promulgation de la loi sur la landwehr, le gouverneur militaire fut, en outre, chargé de faire toutes les propositions relatives aux nominations et promotions des officiers.

Au point de vue de l'exécution des levées, le décret du 14 mars ne présentait que des inconvénients, puisqu'il avait pour effet d'annihiler, ou tout au moins d'enrayer, l'initiative des autorités provinciales et des commissions générales, initiative indispensable à la rapide organisation de la landwehr. Le territoire d'une même province se trouvait scindé par la délimitation géographique des nouveaux gouvernements; il en résultait que deux actions supérieures et bien distinctes s'exerçaient simultanément, et quelquefois en sens contraire, sur les formations entreprises par la province. Chaque commission générale avait deux maîtres à servir : circonstance défavorable, qui devait fatalement avoir pour résultat d'engendrer le désordre et de faciliter la désertion.

La nouvelle division du territoire devait-elle du moins rendre plus faciles les opérations militaires? Le roi avait-il prévu le cas très probable où Napoléon, reprenant l'offensive, rejetterait vers l'Est les forces alliées ? Avait-il voulu créer en arrière de l'Elbe plusieurs lignes de défense successives organisées chacune par un chef spécial et responsable ? Même à ce point de vue, les dispositions prises par l'édit du 14 mars étaient vicieuses. Ce n'était pas par le simple effet du hasard que Napoléon avait consenti à affaiblir son armée de campagne en laissant de fortes garnisons dans les places prussiennes à cheval sur le cours des grands fleuves. S'il s'était résolu à un aussi grand sacrifice, c'est qu'il savait que la marche en avant de son armée victorieuse amènerait promptement le déblocus des forteresses et ferait tomber, par ce fait même, toute la défense fluviale. Pour les Prussiens, la résistance en arrière des fleuves n'était possible qu'à la condition de faire capituler les places soit par un blocus, soit par un siège en règle; or, pour ces opérations de guerre, la nouvelle division territoriale était défavorable, puisqu'elle partageait en deux parties relevant d'autorités différentes la zone occupée par le corps de blocus ou de siège. Il eût été plus logique de laisser à chaque province le soin d'assurer l'attaque des places situées sur son territoire et de pourvoir directement au ravitaillement des troupes chargées de cette opération.

Le décret du 14 mars n'aurait donc pas sa raison d'être si on n'en recherchait ailleurs les véritables causes. Comme nous l'avons dit, Frédéric-Guillaume redoutait les conséquences que pouvait avoir pour sa couronne un mouvement populaire. Il craignait de voir les provinces se soustraire à son autorité; il voulait les maîtriser en divisant leurs efforts et en les plaçant sous la surveillance d'une autorité supérieure. Voilà, peut-être, le motif secret de la création des gouvernements militaires. Comme effrayé de cette nouvelle autorité qu'il venait d'ériger lui-même en lui déléguant la plus grande partie de ses pouvoirs souverains, le monarque avait aussitôt songé à la diviser entre deux hommes, un civil et un militaire, qui se surveilleraient réciproquement. C'était le régime de la défiance.

Cependant Frédéric-Guillaume avait autour de lui de sages conseillers. Tout récemment, le général York ne lui avait-il pas écrit pour lui prêcher la décentralisation et l'engager à envoyer dans chaque province un homme investi de toute sa confiance et de tous ses pouvoirs, un dictateur unique dont l'autorité mettrait un terme aux conflits analogues à celui que venait de susciter la bureaucratie prussienne par l'intermédiaire d'Auerswald?

« Si ce n'est pas dans ces circonstances critiques, quand la confiante union entre le monarque et le peuple pourrait-elle être plus grande et plus noble? », avait écrit York. Mais la confiance n'était point le propre du caractère royal et Frédéric-Guillaume entendait sauver avant tout sa couronne; il ne voulait pas laisser croire à son peuple qu'il pouvait se passer d'un roi.

Ces précautions prises, le roi avait fini par céder peu à peu à l'enthousiasme qui l'entourait. Le 10 mars, il avait créé l'ordre de *la Croix de fer,* destiné à récompenser le courage et le dévouement de ses sujets durant la guerre de Délivrance. Comme si cet encouragement ne pouvait suffire, lui, monarque absolu, consentait à déroger aux vieux usages de ses ancêtres, et, pour la première fois, il s'adressait directement au peuple. « C'est la lutte suprême que nous engageons pour notre existence, notre indépendance, notre prospérité — lui disait-il (1). Pour nous, il n'est d'autre alternative qu'une paix honorable ou une mort glorieuse. » Il lui parlait de ses gloires passées, lui donnait en exemple l'héroïsme des Russes, des Espagnols et des Portugais.

---

(1) Appel au peuple. — 17 mars 1813.

Au nom de la patrie et de l'honneur, il l'appelait aux armes. « Quant à celui qui, sous de vains prétextes et sans pouvoir invoquer son incapacité physique, cherchera à se soustraire à mes ordres — ajoutait-il — celui-là sera puni non seulement par la loi, mais encore par le mépris de ceux qui seront heureux de faire le sacrifice de leur vie pour tout ce que l'homme considère comme honorable et sacré. »

Ces mâles paroles durent résonner comme un coup de clairon dans le cœur de tous les patriotes. Ce roi qui s'était humilié devant un inexorable vainqueur; ce roi qui, sur un ordre de la France, avait chassé Stein et l'avait envoyé en exil; qui, en 1809, avait durement frappé des officiers coupables d'avoir trop aimé leur patrie; qui avait laissé Schill mourir misérablement à Stralsund; ce roi qui, il y avait quelques mois à peine, subissait encore le joug d'une alliance funeste; ce roi avait subitement recouvré l'énergie de sa race, et la nation avide de liberté et d'indépendance lui répondait par ce cri qui devait devenir la devise inscrite sur ses étendards : *Mit Gott für König und Vaterland!*

En même temps qu'il adressait cet appel au peuple, Frédéric-Guillaume promulguait la loi sur la landwehr.

Le soin de lever la landwehr était laissé aux Etats de chaque province (1) sous la haute direction des gouverneurs. Les Etats devaient répartir entre les cercles le contingent fixé par la loi, et cela proportionnellement à la population.

Dans les cercles, les opérations étaient dirigées par un comité composé de deux députés des propriétaires de

---

(1) Dans les levées révolutionnaires françaises, le soin de tout ce qui concernait la levée des volontaires avait été laissé au directoire de chaque département. Il y a donc sur ce point analogie complète entre le système français et le système prussien.

bien nobles (1), un des villes et un des paysans, ces deux derniers choisis par le gouvernement. Enfin une commission générale, analogue à celle établie dans la province de Prusse, était constituée pour régler, dans chaque province, les questions ayant trait à la landwehr.

Tous les hommes en état de porter les armes, âgés de 17 à 40 ans, qui n'étaient pas déjà sous les drapeaux, concouraient à la formation de la landwehr sans distinction de classes. L'effectif prescrit devait être levé d'abord par engagements volontaires, et, en cas d'insuffisance, par voie de tirage au sort.

Les comités de cercle étaient invités à se montrer très sévères dans la délivrance des dispenses ou exemptions ; ils pouvaient établir les propositions pour les emplois d'officiers jusqu'à celui de capitaine inclus ; le roi se réservant de ratifier ce choix et de pourvoir lui-même aux grades supérieurs.

Répondant au vœu formulé par les Etats de Königsberg, Frédéric-Guillaume consentait à ce que les gendarmes fissent partie de la landwehr, mais seulement à titre provisoire et *comme instructeurs*, cette troupe d'élite devant, dans la suite, contribuer à la formation du landsturm. Dans le même but, tous les anciens officiers et sous-officiers étaient rappelés sous les drapeaux.

La landwehr, levée et soldée aux frais des provinces tant qu'elle n'était pas employée en dehors de leur territoire, passait à la charge de l'Etat et jouissait des mêmes droits que l'armée permanente, aussitôt qu'elle était appelée à combattre avec elle (2). Elle devait compren-

---

(1) Rittergutsbesitzer.
(2) Comparez avec les décrets rendus par la Constituante les 10 et 11 juin : « Les volontaires seront payés par l'Etat lorsqu'ils seront employés au service de la patrie. »

dre de l'infanterie *et de la cavalerie,* cette dernière formée à la mode cosaque.

L'effectif de la compagnie variait entre 150 et 200 hommes; celui de l'escadron, entre 70 et 90 cavaliers. Ce dernier chiffre était celui qui s'écartait le plus de l'effectif admis dans l'armée permanente; cela n'a rien d'étonnant si l'on veut bien considérer que la landwehr devait être créée rapidement et de toutes pièces. Les montures étaient rares ; les officiers de cavalerie plus rares encore; en raison de l'inexpérience de la plupart d'entre eux, il convenait de mettre entre leurs mains un outil qui ne fût ni trop lourd ni trop difficile à manier.

Au point de vue de l'organisation intérieure, nous trouvons la compagnie divisée en deux pelotons pouvant se scinder, au besoin, en deux subdivisions chacun; c'est du moins ce que semble impliquer l'existence de quatre lieutenants. Les escouades commandées par des « unteroffizier » sont au nombre de 16 et comptent chacune 12 hommes.

Chaque escadron est commandé par un capitaine, ayant sous ses ordres deux ou trois lieutenants; il se subdivise en deux ou trois pelotons selon la force de son effectif.

Le bataillon est à quatre compagnies. La brigade compte quatre bataillons plus un régiment de cavalerie levé sur le même territoire. La réunion de trois brigades constitue une division.

Des états d'effectifs il résulte qu'en réalité la force du bataillon ne fut en moyenne que de 720 hommes, en comptant les non-combattants. La brigade (1), y compris

---

(1) Par décret du 29 juillet, le nom de « brigade » fut changé par celui de « régiment ». Chacun des régiments reçut un numéro d'ordre et un dépôt de 2 bataillons. Les régiments de cavalerie eurent un escadron de dépôt.

son régiment de cavalerie d'effectif fort variable, eut une moyenne de 3.300 hommes, et la division en compta environ 9.900.

L'uniforme dut être partout réduit à sa plus simple expression : la litewka, sorte de blouse nationale, reçut des pattes d'épaule de couleur variable suivant les bataillons; la casquette ou le chapeau fut orné de la croix à double branche, devenue l'insigne de la landwehr. Mais il fut plus difficile d'improviser l'armement. Nous avons vu que, dans les provinces de Lithuanie et de Prusse, on avait eu recours aux faux emmanchées verticalement; dans le reste de la monarchie, on adopta une solution proposée par le major Lutwitz : le premier rang reçut des piques de $2^m,50$ de longueur; le second rang, des fusils, et le troisième, des lances longues de $3^m,50$. Ultérieurement, la fabrication rapide des armes à feu permit de donner des fusils d'abord au troisième, puis au premier rang (1). Les sous-officiers furent armés du sabre, et chaque homme fut muni d'un sac, d'une cartouchière, d'une forte hache ou d'une pelle-bêche légère.

La cavalerie, en plus du sabre et du pistolet, fut armée de la pique, qui, moins longue que la lance, est d'un maniement et aussi d'une fabrication plus facile. Cet armement était d'ailleurs imité de celui des Cosaques, fort en faveur en Prusse depuis que, les premiers, ils y avaient apporté l'espoir de la délivrance (2).

(1) Le 23 juillet, le premier rang put être, à son tour, armé de fusils. — Comparez cette solution à celle adoptée en France pendant la Révolution : « Armez-les (les volontaires) avec des fusils de chasse, des piques; habituez-les à combattre sur quatre de hauteur, les deux premiers rangs avec des fusils, les deux autres avec des piques de dix pieds. » (Ordre de Servan au général Biron, commandant l'armée du Rhin.)

(2) Les derniers bans de Cosaques, levés à la hâte, n'avaient pour toute arme qu'une longue perche munie, en guise de fer de lance, d'un clou appointé à son extrémité. Ces aiguillons pou-

Comme on vient de le voir, les dispositions prises à Königsberg et à Breslau étaient, sauf sur quelques points, absolument semblables; il devait en être ainsi puisque toutes émanaient du projet primitif de Scharnhorst. Les divergences entre l'ordonnance royale et le projet des Etats de Lithuanie et de Prusse portaient sur trois points principaux :

1° Les députés de Königsberg avaient spécifié que la landwehr ne comprendrait que de l'infanterie, les autres armes devant être empruntées aux troupes permanentes. Mais il y avait là une difficulté d'exécution : l'armée de ligne manquait elle-même de cavalerie et ne pouvait en fournir; d'autre part, cette arme était absolument nécessaire à la landwehr; puisque cette dernière pouvait être appelée à combattre à côté de l'armée permanente, il fallait lui donner au moins quelques escadrons. La création d'une cavalerie de landwehr, qui était, du reste, prévue dans le projet de 1808, fut donc admise par la loi.

2° Le projet apporté par le major Dohna présumait que la landwehr ne serait pas employée hors de la province où elle avait été levée; qu'elle serait, au sens le plus étroit du mot, une milice provinciale. Scharnhorst pensait, au contraire, faire de la landwehr une véritable armée de seconde ligne capable de renforcer, au besoin, les troupes permanentes ; ce plan était d'ailleurs conforme aux circonstances qui imposaient une offensive

---

vaient faire des blessures, mais rarement donner la mort. En 1813, un capitaine d'artillerie française, surpris et poursuivi par les Cosaques dans les rues étroites d'un village de Bohême, fut littéralement lardé sans être blessé sérieusement. S'il faut en croire un rapport du général révolutionnaire français Schauembourg, les hommes de la levée en masse avaient adopté une pareille solution : « Presque un tiers est armé de fusils ; le reste est armé de longues perches au bout desquelles chacun a placé le morceau de fer qu'il a cru le plus meurtrier ». (Rapport du 13 septembre 1793.)

immédiate et énergique prise avec toutes les forces de la nation.

3° La Lithuanie et la Prusse avaient admis le remplacement. Introduire dans la loi un privilège tout au profit des classes riches, c'était rompre le caractère d'égalité qu'il importait de donner au soulèvement du pays pour entreprendre une guerre vraiment nationale. Le chancelier Hardenberg n'était pas homme à oublier les grands principes que lui avait légués Stein, après les avoir empruntés lui-même à la Révolution française. Les nécessités de la guerre lui fournissaient enfin l'occasion d'accomplir une réforme qui s'était brisée jusqu'alors contre la résistance de la noblesse; cette occasion, il ne pouvait la laisser échapper. D'ailleurs, les classes riches sont celles qui tirent surtout profit de la protection de l'Etat, protection qu'elles doivent reconnaître par de plus grands sacrifices ; si elles sont aux honneurs, il est juste qu'elles soient à la peine. Imposer à la noblesse le service obligatoire n'était point porter atteinte à ses privilèges, puisque, au temps de la féodalité, où elle était toute-puissante, elle considérait comme réservés à elle seule le droit et l'honneur de porter les armes; c'était au contraire la rappeler aux traditions qui avaient fait sa gloire.

D'autres divergences ne portaient que sur des détails, sans toucher aux principes mêmes. C'est ainsi que la durée du service, au lieu d'être fixée de 18 à 45 ans, comme le demandaient les députés de Königsberg, fût réduite de 17 à 40 ans (1), modification dictée par la prévision de la levée d'un landsturm.

La composition du bataillon fut fixée uniformément à 4 compagnies. Nous avons vu que, dans les provinces

---

(1) La limite minima de 17 ans était trop faible; la plupart de ces jeunes gens ne purent endurer les fatigues de la guerre; ils moururent ou encombrèrent les hôpitaux.

de Lithuanie et de Prusse, on avait admis l'organisation d'une cinquième compagnie (1), dont la mission devait être de conduire le combat en tirailleurs, mais dont le but évident était de constituer un refuge pour la noblesse et la haute bourgeoisie. La création de détachements de chasseurs rendait inutile une disposition que les législateurs de Königsberg avaient adoptée en vue de ménager les susceptibilités des classes privilégiées; d'autre part, le combat en tirailleurs, attribué aux hommes du troisième rang par le règlement de manœuvres prussien de 1812, excluait l'idée d'une compagnie spéciale. Il n'en est pas moins curieux de remarquer que, dans les provinces de Lithuanie et de Prusse, comme dans tout le reste de la monarchie, les exigences des hautes classes imposèrent la même solution : la création d'une unité spéciale.

La mise en pratique de la loi sur la landwehr devait nécessairement amener à préciser ou à modifier certains de ses articles : tel fut le but de toute une série de décrets. Nous nous bornerons à mentionner les principaux.

L'attribution des dispenses souleva les plus grandes difficultés. Les cas n'ayant pas été déterminés d'une façon précise dans le texte même de la loi qui en laissait seuls juges les comités de cercles, il devait fatalement en résulter des différences d'appréciation préjudiciables au bon ordre et à une bonne exécution.

« Dans le cas où, le choix des officiers ayant été fait, — disait l'article 10 — des propriétaires de biens nobles ou des fonctionnaires royaux désignés pour servir dans la landwehr devraient demeurer dans les rangs comme simples soldats ou sous-officiers, ils seront placés

---

(1) Cette compagnie était désignée sous le nom de : « Compagnie de chasseurs ».

dans le landsturm, car je ne veux pas troubler la police du royaume, ni porter atteinte aux intérêts de la bourgeoisie avant le moment où le landsturm sera levé. » Motif bien insuffisant, qui cachait à peine le secret désir d'éviter aux hautes classes et à la caste des fonctionnaires l'humiliation de servir à côté d'un manant. Rien ne justifiait cette faiblesse du monarque, destinée à devenir la source de nombreux abus. Hypnotisé par le méthodique fonctionnement de son administration, intimidé par les réclamations incessantes de la bourgeoisie et de la noblesse, Frédéric-Guillaume n'osait briser la lourde chaîne de la hiérarchie prussienne, qui entravait la nation dans sa marche vers le progrès; il demeurait sourd aux conseils d'York, qui voulait que les fonctionnaires royaux donnassent eux-mêmes au peuple l'exemple de l'abnégation et du patriotisme.

Afin de mettre un terme aux abus, les ordonnances du 31 mars et du 6 avril limitèrent les cas de dispense :

1° A tous les fonctionnaires qui, de l'avis des autorités locales et d'une façon notoire, ne pourraient quitter leur emploi;

2° Aux propriétaires ou gérants de propriétés ayant quatre fois l'étendue d'une ferme ordinaire (1);

3° Aux possesseurs ou directeurs de fabriques ou d'institutions importantes (2);

4° Aux ministres des cultes et aux maîtres d'école (3).

En raison même de ces restrictions, il demeura très difficile de recruter convenablement les cadres de la landwehr. Les hauts fonctionnaires, responsables du bon

---

(1) Cet article n'est pas précis; il n'a d'autre but que d'accorder la dispense aux riches.

(2) Les ouvriers ayant été absorbés par la ligne et la landwehr, les propriétaires de fabriques ou d'industries n'avaient plus rien à faire chez eux; ils n'auraient pas dû être exemptés.

(3) Décret du 6 avril.

fonctionnement de leur administration, ne voulurent rien abandonner de leur routine, ni se passer de leurs subordonnés, qui tous étaient utiles « d'une façon notoire » puisqu'ils possédaient un emploi. Il fallut un nouveau décret (1) pour obliger les chefs d'administrations à ne pas retenir inutilement leurs employés. Un pays où le fonctionnarisme se développe au-delà d'une juste limite voit rapidement s'épuiser non seulement ses finances, mais encore ses forces vives, qui lui feront défaut au moment où il en aura le plus besoin.

Dès le début, la formation de la landwehr se heurta à la difficulté d'improviser des cadres, aucune disposition sérieuse n'ayant été prise en vue d'assurer leur recrutement. Les exercices imposés dans les établissements d'instruction, les réformes universitaires ne pouvaient suffire à atteindre ce but. Il eût fallu employer d'autres moyens : établir pour chaque grade une limite d'âge réglée de façon à assurer le renouvellement progressif du corps d'officiers; astreindre les officiers démissionnaires ou en retraite à des revues d'appel et prévoir leur affectation pour le temps de guerre; ne point entrer en lutte ouverte avec les hautes classes de la monarchie, mais chercher, par des faveurs honorifiques, à attirer leurs fils dans l'armée en leur conférant le grade d'officier pendant les deux années de service imposées aux hommes du peuple; appliquer, au besoin, à ces officiers, le système de congés qui donnait de si bons résultats pour la formation des réservistes; créer des écoles d'instruction et d'application pour les sous-officiers, afin de les préparer à remplir plus tard les fonctions d'un grade supérieur; tel était le sens dans lequel il eût fallu pratiquer les réformes. Il serait difficile d'indiquer à qui il convient d'imputer la responsabilité d'une lacune qui

---

(1) Décret du 14 mai.

contribua puissamment à rendre plus difficile encore la formation de la landwehr. Scharnhorst manqua-t-il de prévoyance, ou ses projets furent-ils entravés par l'extrême faiblesse d'un roi toujours prêt à céder aux sollicitations de la noblesse et de la bourgeoisie ?

Nous ne ferons que mentionner ici le landsturm parce que l'organisation de ce dernier ban des forces de la monarchie prussienne ne fut jamais sérieusement entreprise.

L'ordonnance qui créait la landwehr instituait également le landsturm en spécifiant que « tous les hommes capables de porter les armes, qui ne seraient pas pris par la landwehr, formeraient un landsturm, *lequel attendrait l'ennemi dans les cercles*. Jusqu'à ce moment les affaires des villes et la situation des familles ne devaient pas être troublées. » Les ordonnances du 21 avril et du 17 juillet complétèrent ces prescriptions et donnèrent au landsturm le caractère d'un mouvement général et subit, le rendant analogue à la fameuse *levée en masse* décrétée dans la France révolutionnaire par le gouvernement de la Convention nationale.

Le landsturm devait comprendre des hommes de toutes les conditions et de tous les âges, jusqu'à 60 ans, organisés en compagnies et en bataillons. Il devait avoir sa cavalerie ; mais la difficulté que l'on éprouva à doter la landwehr de quelques centaines de chevaux donne lieu de croire que les montures qui seraient restées pour le landsturm n'auraient pas permis de constituer une troupe bien sérieuse.

L'uniforme était limité à quelques insignes placés sur les vêtements, tels que brassards, etc., disposition qui offrait le grand avantage de tromper l'ennemi : réunis à l'appel de leurs chefs, les hommes du landsturm devaient constituer de véritables corps francs, prompts à se disperser au moindre danger en emportant leurs armes. « Le combat auquel tu es appelé sanctifie tous les moyens, — leur avait dit le roi. — Les plus terribles sont les meilleurs. Non seulement tu harcèleras continuellement l'ennemi, mais tu détruiras et anéantiras les soldats isolés et en troupe; tu feras main basse sur les maraudeurs (1). »

L'ordonnance royale recommandait, en outre, de faire le vide devant les Français:

« A l'approche de l'ennemi — disait-elle, — les masses du landsturm doivent emmener tous les habitants des villages avec leurs bestiaux et leurs effets, emporter ou détruire les farines et les grains, mettre les tonneaux en perce, brûler les moulins et les bateaux, combler les puits, couper les ponts, incendier les moissons approchant de la maturité. L'Etat indemnisera les citoyens après la retraite de l'ennemi....

» Les villes ne seront pas abandonnées. Mais l'organisation d'une garde bourgeoise sous la pression de l'ennemi est interdite; car, mieux vaut subir les désordres que la populace peut commettre que de laisser l'ennemi maître de disposer de toutes ses troupes en campagne (sans avoir à se préoccuper de maintenir le bon ordre dans les villes)...

» Dans les localités occupées par l'ennemi, les bals, les fêtes, les mariages mêmes sont interdits. »

---

(1) Traduction donnée par Charras. — L'appel aux armes dans la France révolutionnaire s'était fait dans des termes à peu près identiques : « Une guerre de tactique ne suffit pas pour repousser les barbares; il faut que tous les citoyens en état de porter les armes, il faut que le peuple entier se lève en masse pour les écraser. Apprenons, une fois pour toutes, à ces barbares ce que c'est que la guerre de la liberté !... Hâtez-vous, braves citoyens,... réunissez-vous sous trois jours aux chefs-lieux de vos districts respectifs; armez-vous de faux, d'espontons, de piques, de lances, de fusils et de pistolets, n'importe de quelles armes; elles deviendront entre vos mains celles de la victoire... »

En un mot, c'était la réglementation du système de défense qui avait si bien réussi aux Russes en 1812, et, sous la signature de Frédéric-Guillaume, on serait tenté de chercher celle du Tzar ou du prince Rostopchin. Lorsqu'un peuple a le courage de prendre de telles décisions, il fixe d'avance la victoire.

Revenons maintenant à la landwehr et recherchons comment l'ordonnance du 17 mars fut appliquée dans les différentes provinces de la monarchie.

VII

LEVÉE DE LA LANDWEHR JUSQU'A L'ARMISTICE

La landwehr dans les provinces de Lithuanie et de Prusse. — Difficultés surmontées par le général York. — Exemples de dévouement patriotique. — Nombreuses défaillances. — Le remplacement. — Rareté des ressources. — Manque de patriotisme dans les cercles de la rive gauche de la Vistule. — Levées de vive force.
La landwehr dans les Marches de Brandebourg. — Désordres à Potsdam. — Non-valeur des levées.
La landwehr en Poméranie. — Misère qui désole la province.
La landwehr en Silésie. — Manque de patriotisme. — Désertions. — Mesures prises contre les déserteurs.

« En considération du grand préjudice que pourrait causer toute perte de temps en des circonstances aussi pressantes, j'ordonne de pousser sans retard l'organisation de la landwehr jusqu'à une limite qui sera ultérieurement fixée.

» Comme première mesure d'organisation et en vertu des pouvoirs que me confère mon emploi de général gouverneur de la province et de lieutenant de Sa Majesté le Roi, je ratifie la nomination du président et des membres de la commission générale (1), présentés par le choix des honorables députés des Etats, comme des hommes dignes et méritant la confiance de tous (2). »

---

(1) La commission générale était composée de sept membres sous la présidence du comte Alexandre Dohna; il y avait de plus quatre membres suppléants.
(2) *An eine hohe General-Kommission der Landständischen Versammlung.* 16 février 1813. — York.

C'est ainsi que, persévérant jusqu'au bout dans sa hardie initiative, le général York se conformait au vœu des Etats provinciaux et ordonnait la levée de la landwehr, sans attendre l'autorisation royale. Lui-même donnait l'exemple de l'activité. Dès le 17 février, il désignait les « inspecteurs (1) » et les commandants, et soumettait aussitôt son choix à l'approbation du monarque. La commission générale, de son côté, formait cinq commissions spéciales (2), destinées à l'aider dans l'accomplissement de sa tâche.

Le 18 février, assuré désormais du succès de son œuvre, le général York quittait cette province de Prusse où il venait de déployer tant de zèle, et reprenait le commandement de son corps d'armée pour le conduire vers la Vistule. Il laissait, pour le remplacer dans le gouvernement général, un homme qui possédait toute sa confiance, qui n'avait jamais hésité à le suivre dans la voie périlleuse où il s'était engagé, qui avait partagé sa disgrâce sans faiblir : sous la direction du général von Massenbach, la loi sur la landwehr allait recevoir une vigoureuse exécution.

Depuis Riga jusqu'à la Vistule, York avait eu à parcourir un chemin difficile et parsemé d'obstacles; grâce à son indomptable énergie, il avait marché droit au but sans défaillance et son œuvre avait été couronnée de succès. Dégagé du joug de l'alliance française par sa propre initiative, non seulement il avait réussi à vaincre l'inertie de toute une bureaucratie effrayée par tant d'audace, mais il avait encore su conquérir la confiance des Etats, et se concilier ce facteur important qu'on appelle l'opinion publique.

---

(1) York proposait deux inspecteurs : von Bardeleben et le major Dohna, qui furent acceptés par le roi.
(2) Leurs centres respectifs étaient : Tilsit, Rhein, Königsberg, Heilsberg, Mohrungen.

Il est difficile d'admettre qu'au début York ait pu acquérir une preuve certaine des bonnes dispositions de son souverain à l'égard de la Russie et des démarches faites en vue de provoquer une alliance entre les deux nations; une semblable certitude eût considérablement amélioré la situation morale dans laquelle il se trouvait. Ce ne fut que vers le milieu de février, c'est-à-dire peu de jours avant son départ de Königsberg, que le général reçut deux lettres, datées des 8 et 11 du même mois, parties l'une de Deutsch-Krona, l'autre de Plozk, et dans lesquelles le capitaine von Schack, qui avait appartenu autrefois à son état-major, lui annonçait qu'il se rendait au grand quartier général des Russes, à Plozk, pour notifier la désignation du colonel von Knesebeck comme délégué du roi de Prusse auprès du Tzar. Le capitaine ne parlait que très vaguement de la possibilité d'une alliance, et ses confidences ne contenaient rien qui pût donner à York l'espérance de la voir se réaliser.

La première nouvelle officielle de la conclusion d'une entente avec la Russie fut apportée à York par une lettre du général Witgenstein, expédiée de Driesen le 1er mars, lettre qui lui parvint en même temps qu'un message du Tzar, daté de Kalisch le 27 février. L'empereur Alexandre, en lui annonçant la conclusion du traité, lui promettait d'intervenir auprès du roi de Prusse pour déterminer ce monarque à rapporter le décret par lequel il avait destitué le général de son commandement. Les ordres de cabinet des 1er et 12 mars levèrent enfin toute incertitude, en apprenant à York que, non seulement il était maintenu à la tête de ses troupes, mais encore que son autorité était étendue sur les corps de Borstell et de Bülow.

Si nous avons insisté sur ces détails, c'est pour achever de mettre en relief la grande figure du général York qui domine toute cette période de l'histoire de la Prusse.

Le vieux général, parvenu au sommet de la hiérarchie militaire, pourvu d'un commandement qui dut faire bien des envieux parmi les autres chefs de l'armée prussienne, ne s'endormit pas dans les honneurs. Il sut donner le premier exemple de l'abnégation et du courage. Pour sauver sa patrie, il n'hésita pas à marcher contre la volonté de son roi, et à exposer non seulement sa haute situation et sa liberté, mais encore sa tête elle-même. Ni le mauvais vouloir de ceux qui l'entouraient, ni la destitution prononcée contre lui ne lui firent un seul instant oublier le respect dû au monarque qui venait de le frapper. Ce respect, il l'affirmait toutes les fois qu'il prenait une décision au nom du roi; il voulut encore l'affirmer en quittant Königsberg, lorsqu'il adressa à ses concitoyens ce suprême conseil : « Toute perte de temps peut être funeste pour le salut public. Comme chacun doit partager cette conviction, on peut espérer que la commission générale ne se heurtera à aucune difficulté pour mener à bien une œuvre qui montre grandement la force et l'énergie de la nation, de même que sa fidélité au roi et son affection pour sa personne. »

Au début, les provinces de Lithuanie et de Prusse répondirent pleinement à l'appel du général York, et cependant ces malheureuses provinces étaient épuisées. En 1807, elles avaient été fortement éprouvées par la guerre. En 1812, le passage des colonnes françaises avait achevé de les appauvrir. Tout récemment encore elles avaient dû fournir de l'argent et des hommes pour assurer la levée de la division de Bülow et la réorganisation du corps de York; de ce fait, elles avaient versé un million de thalers (1). Malgré ces sacrifices, les dons volontaires s'élevèrent, en quelques semaines,

---

(1) Soit 3.750.000 francs.

à plus de 97.425 thalers (1). Dans la plupart des cercles, surtout dans les plus éprouvés, le peuple courut aux armes avec enthousiasme, arborant à ses chapeaux la croix blanche de la landwehr bénie par le clergé.

A Angerburg, le bourgmestre May, qui présidait au tirage au sort, s'engagea lui-même comme volontaire, entraînant par son exemple un grand nombre de ses administrés.

Sorquitten, petit village du cercle de Rhein, devait fournir six landwehriens, il s'en présenta douze; aucun ne voulant se désister, on dut les faire tirer au sort. Toute la population s'unit pour subvenir aux besoins des familles de ceux qui étaient partis et fournir à chacun des volontaires une indemnité d'un thaler par mois.

A Ortelsburg, le capitaine von Straus, commandant la compagnie des invalides, s'enrôla dans la landwehr avec tous ses officiers. Souffrant encore d'anciennes blessures, il ne put tenir longtemps la campagne et succomba, victime de son zèle patriotique.

Un lieutenant de 72 ans, du nom de Seitz, appartenant à la compagnie des invalides de Preussisch-Eylau, prit du service dans la landwehr. On voulut lui donner un emploi de capitaine; nouveau La Tour d'Auvergne, il refusa ce grade, disant qu'il ne recherchait pas les honneurs, mais seulement l'occasion de combattre pour son pays. Il instruisit avec zèle ses landwehriens, partagea avec eux tous les périls, toutes les privations, toutes les fatigues de la guerre, ne cessant de les encourager et de les soutenir par son exemple. Ses hommes l'aimaient comme un père et le respectaient comme un drapeau. En intervenant personnellement, le roi réussit enfin à

---

(1) Soit 365.343 francs.

faire accepter à ce vieux serviteur le grade de capitaine et la Croix de Fer (1).

A côté de ces nobles exemples, il y eut beaucoup de défaillances. Maint employé, maint fonctionnaire, se prévalut de son emploi, de ses fonctions, pour échapper au sort commun, et l'on vit des hommes sans courage s'abriter derrière l'intérêt public pour sauvegarder leurs intérêts personnels. De pareilles faiblesses se sont vues et se verront encore dans tous les pays et dans tous les temps; mais nulle part autant qu'en Prusse la répression de la lâcheté ne fut poursuivie avec plus de rigueur, Les lâches furent voués au mépris public et, suivant la volonté expresse du roi lui-même, il n'y eut pas d'exemple que l'un d'entre eux pût parvenir, dans la suite, à une haute charge dans l'Etat.

Lorsque l'ordonnance royale fut apportée par le major Dohna, les fonctionnaires ne voulurent en retenir que l'article qui les faisait passer dans le landsturm, au cas où ils ne pourraient être employés comme officiers dans la landwehr. Les abus furent si grands que le gouvernement dut revenir sur sa décision première et prescrire que « ceux qui allègueraient pour excuse qu'ils n'avaient pas été choisis comme officiers dans la landwehr seraient déboutés de leur demande d'exemption et livrés au mépris public (2) ».

En même temps que la loi sur la landwehr, le major Dohna avait apporté de Breslau l'approbation de toutes les mesures prises provisoirement, en Prusse, pendant son absence. Le roi validait la commission générale et lui prescrivait de ramener progressivement la consti-

---

(1) Exemples extraits des *Beihefte zur Militär-Wochenblatt*.
(2) Circulaire du 13 mai 1813.

tution de la landwehr de Lithuanie et de Prusse aux dispositions adoptées pour les autres provinces (1).

Tout en se conformant à ces prescriptions, la commission générale crut devoir maintenir le remplacement (2), qui n'avait pas été admis dans la loi promulguée à Breslau; il lui était difficile, en effet, d'abroger une disposition de faveur dont un grand nombre de citoyens avaient déjà profité. Lorsque le premier élan d'enthousiasme fut calmé, les classes riches y trouvèrent un moyen de se soustraire au sort commun et de rejeter uniquement sur le peuple la lourde charge de l'impôt du sang. Ce fut surtout dans les grandes villes que le remplacement fut pratiqué; il atteignit, à Königsberg, la proportion considérable de 1/5. La difficulté de recruter les cadres se trouva par ce fait considérablement augmentée.

En raison de la simplicité de l'uniforme, l'habillement de la landwehr s'effectua facilement. Quant aux armes, elles furent tirées en majeure partie des magasins français de Kowno, tombés entre les mains des Russes; de plus, les fusils abandonnés dans le désordre de la retraite (3) avaient été soigneusement recueillis par les habitants qui les apportèrent avec eux au moment de leur incorporation. Les ateliers de Königsberg travaillèrent nuit et jour aux réparations. Seuls, les sabres et les pistolets firent complètement défaut; l'Angleterre

---

(1) Lettre datée du 17 mars 1813, du major Dohna à son frère.

(2) Tout dispensé devait payer une taxe fixe destinée à équiper un remplaçant. Cette taxe était de 300 thalers pour l'infanterie et 200 thalers pour la cavalerie. — En France, la Convention avait eu recours à de semblables dispositions qui durent bientôt être abrogées à cause des protestations qu'elles soulevèrent.

(3) Le magasin de Kowno contenait 15.000 fusils; les armes ramassées étaient au nombre de 4.000. Soit, en tout, 19.000 armes, c'est-à-dire environ les deux tiers de l'effectif levé, ce qui explique pourquoi le premier rang dut être provisoirement armé de la pique.

y pourvut dans la suite; mais ces armes ne purent être distribuées à la cavalerie avant la fin d'août. La poudre fut fournie par les arsenaux de Königsberg et de Graudenz; l'Angleterre en débarquait également sur les côtes. Comme convois, on créa un caisson de munitions par bataillon, et on utilisa les voitures enlevées aux Français, notamment aux troupes italiennes (1).

La landwehr ainsi habillée et armée fut d'abord nourrie aux frais des habitants; mais ceux-ci étant déjà appauvris par les prestations de toute sorte qu'ils avaient dû fournir, on ne put longtemps leur imposer une si lourde charge, et il fallut avoir recours à des magasins organisés à la hâte, qui furent bien vite épuisés. Finalement les landwehriens ne reçurent plus de distribution de viande que deux fois par semaine; quant à la solde, elle ne leur fut jamais régulièrement payée. Les caisses des provinces étant vides, on frappa des réquisitions en argent qui, sur certains points, durent s'opérer de force. Cependant on ne soldait plus que les officiers trop pauvres pour subvenir eux-mêmes à leur entretien et à leur équipement; encore la plupart d'entre eux ne recevaient-ils que demi-solde. Lorsque la landwehr quitta les provinces, elle passa à la charge de l'Etat; mais, comme les caisses royales étaient tout aussi pauvres que les caisses provinciales, elles ne purent fournir l'argent nécessaire à l'entretien de l'effectif légalement fixé; les chefs durent, à plusieurs reprises, sacrifier leur propre fortune à la solde de leurs hommes.

Les landwehriens endurèrent ces privations avec patriotisme. Une disposition habile avait groupé dans les mêmes escouades les hommes d'un même village; il en était résulté une émulation favorable au maintien du

---

(1) Les régiments italiens s'étaient, à plusieurs reprises, laissés surprendre par les Cosaques durant la retraite sur Berlin.

bon ordre. Bien des défaillances durent être ainsi évitées, qui se fussent produites sans la crainte de la raillerie et du mépris attendant les coupables à leur retour dans leurs foyers.

Au point de vue de la composition, les bataillons présentaient un étrange mélange des éléments les plus divers : des jeunes gens de 17 ans, à peine formés et impropres à la guerre, y coudoyaient des hommes déjà affaiblis par l'âge (1). On s'était d'abord borné à lever les célibataires désignés par le sort, mais la nécessité de compléter les effectifs obligea à enrôler aussi les pères de famille; les communes prirent alors à leur charge l'entretien des femmes et des enfants qu'ils laissaient derrière eux.

L'instruction fut activement poussée, grâce au concours d'un certain nombre d'officiers et de sous-officiers retraités qui reprirent du service. La gendarmerie fournit également de bons gradés. Enfin, un ordre de cabinet du 31 mars mit à la disposition de la landwehr les compagnies d'invalides et les bataillons de garnison, quoique ces derniers eussent à instruire des recrues pour leur propre compte. Les exercices commencèrent le 28 avril, lorsque les levées furent achevées et que les hommes furent habillés et armés. Les deux inspecteurs Louis Dohna et von Bardeleben déployèrent une activité prodigieuse et tinrent une conduite au-dessus de tout éloge; grâce à eux, dès le milieu de mai, la landwehr était prête à entrer en campagne. Tous deux devaient mourir en braves après avoir vu le triomphe de leur cause (2).

---

(1) Les bataillons de volontaires de la Révolution française avaient été tout aussi mal composés : « Les uns sont trop âgés, les autres trop jeunes et trop faibles pour soutenir les fatigues de la guerre (et ce n'est pas le plus petit nombre) ; d'autres enfin sont si petits que leurs fusils leur dépassent la tête d'un pied. » (Lettre du chef de bataillon Vézu au président de la Convention, 24 juillet 1793.)

(2) Le major Dohna, après la prise de Danzig, mourut de la

En résumé, la levée de la landwehr dans la Lithuanie et la Prusse Orientale avait été couronnée de succès. Ces deux provinces comptaient parmi les plus anciennes de la monarchie et les plus attachées à la couronne; elles avaient été ruinées par la guerre et, dans le cœur des paysans, la haine des Français avait souvent tenu lieu de patriotisme (1). Enfin, l'énergique influence de Stein, de York, de Schön, d'Alexandre et de Louis Dohna avait donné une vigoureuse impulsion à l'organisation militaire.

Il devait en être autrement dans les cinq cercles de la Prusse Occidentale situés sur la rive gauche de la Vistule et relevant du troisième gouvernement militaire. Le désordre qui ne cessa de régner dans ces cercles fut à la fois la conséquence du défaut d'unité dans la direction des levées et du manque de patriotisme d'une population qui, pour les deux tiers de race polonaise, se souciait fort peu de contribuer au relèvement de la Prusse. Les habitants émigrèrent sur le territoire russe, ou se réfugièrent dans les forêts pour échapper au service militaire. Dans certaines localités, il ne resta plus que les vieillards, les malades et les éclopés. Les Prussiens d'origine eux-mêmes cédèrent à ce funeste exemple et se montrèrent fort peu patriotes. Il fallut avoir recours à l'intimidation, aux menaces, aux répressions sévères; malgré cela, la gendarmerie eut fort à faire pour donner la chasse aux réfractaires. Le tirage au sort ne put

---

fièvre typhoïde contractée dans les tranchées ouvertes devant cette place. — Au siège de Küstrin, von Bardeleben fut atteint à la tempe droite par une balle, alors qu'il repoussait une sortie des Français (22 août). Quoique blessé grièvement, il voulut conserver son commandement jusqu'à la fin de l'action. Il mourut trois jours après.

(1) Cette observation peut s'étendre à toute la monarchie; elle est corroborée par les documents prussiens. Voyez Bräuner, *Geschichte der preussischen Landwehr*. Zweiter Halbband, p. 41.

jamais s'effectuer parmi les populations polonaises; il ne fut terminé que le 5 mai dans les régions prussiennes.

Le désordre devint tel que les chefs du gouvernement entre Vistule et Oder (1) proposèrent au roi des mesures d'exception : « Nous considérons comme nécessaire de renoncer à l'organisation normale de la landwehr dans les localités polonaises — écrivaient-ils au monarque (2). — Aussitôt que possible, on devra lever tous les jeunes gens aptes au service militaire, en ayant recours au besoin à la force des armes. Les recrues seront internées dans les places de Kolberg et de Graudenz, où elles seront instruites et dirigées ensuite sur l'armée pour y être incorporées. »

Cette proposition reçut l'assentiment de Frédéric-Guillaume, qui laissa à la commission générale le soin de fixer les détails d'exécution. Le conseiller de justice Küntzel, du cercle de Conitz, était d'avis qu'il fallait avoir recours aux visites domiciliaires. « Malheureusement — ajoutait-il — on peut tenir pour certain que l'emploi du knout ne sera pas inutile. » Ces mesures de rigueur ne firent qu'effrayer davantage les populations. A force d'intimidation, on réussit bien à lever quelques landwehriens d'origine prussienne; mais, lorsqu'on voulut les rassembler, ils désertèrent presque tous. La gendarmerie, conduite par des gardes forestiers, patrouillait dans le pays pour capturer les réfractaires sans grand succès d'ailleurs. Il fallut avoir recours à la ruse : pendant la nuit du samedi 19 au dimanche 20 juin, des visites domiciliaires furent opérées sur tous les points à la fois. « Le choix de cette date était motivé par ce fait que les hommes, qui, durant toute la semaine, se

---

(1) Beyme et le général Tauenzien.
(2) Rapport au roi. — Stargard, 6 mai 1813.

cachaient dans les bois par crainte des levées, rentraient généralement chez eux le samedi soir, afin de pouvoir se rendre le dimanche à l'église et aussi au cabaret (1). »

Les captifs furent dirigés soit sur Graudenz, soit sur Stargard.

On conçoit aisément que, dans un pareil milieu, le recrutement des gradés dut être particulièrement difficile. Sur 192 officiers qu'on réussit à lever « en employant même la contrainte (2) », 69 seulement avaient servi dans l'armée, les autres étaient sans instruction militaire et appartenaient aux classes les plus diverses de la société.

Lorsqu'il s'agît d'habiller cette cohue, on se heurta à de nouveaux obstacles : les matières premières faisaient défaut pour la confection des effets; pour se les procurer, on dut avoir recours à des perquisitions de vive force. L'armement ne se fit pas mieux; en dépit du zèle et de la diligence de quelques patriotes, au mois de juin il manquait encore plus de la moitié des fusils.

La province de Brandebourg avait eu beaucoup à souffrir du passage des colonnes françaises en 1812. L'année suivante, Francfort et Berlin n'avaient été évacués que tardivement, tandis que Spandau, Stettin, Küstrin, Torgau et Wittemberg demeuraient encore occupés par les troupes de Napoléon. En se retirant, les armées impériales avaient laissé derrière elles, non seulement la désolation et la ruine, mais encore le typhus. Cette terrible épidémie sévit jusqu'à la fin de 1813, avec d'autant plus de violence que les médecins, absorbés par le service aux armées, faisaient totalement défaut dans les

---

(1) *Geschichte der Organisation der Landwehr in Pommern und Westpreussen im Jahre* 1813. Redigirt von der historischen Abtheilung des Generalstabes. — Berlin 1858, p. 114.
(2) Rapport de Dohna au roi. — 14 mai 1813.

campagnes. L'apparition des premiers escadrons de Cosaques ranima l'espoir dans les cœurs patriotes. Cependant la crainte que les Français inspiraient encore au peuple était telle que, lorsque les hardis cavaliers russes pénétrèrent pour la première fois dans Berlin, les habitants se cachèrent précipitamment dans leurs maisons comme devant des ennemis. Dès que le prince Eugène eut achevé sa retraite sur l'Elbe, l'enthousiasme éclata avec d'autant plus de force qu'il avait été plus longtemps comprimé. L'appel du roi à son peuple et l'ordonnance sur la landwehr furent accueillis par des acclamations. Sous la haute direction du général de l'Estocq, récemment arrivé à Berlin comme gouverneur militaire de la région comprise entre Elbe et Oder, les autorités locales entreprirent la levée des 20.000 landwehriens imposés à la province.

Le tirage au sort s'effectua rapidement et sans difficulté. Les volontaires affluèrent, et les villes comme les campagnes rivalisèrent de zèle. Seule la ville de Potsdam fut le théâtre de manifestations hostiles (1).

Dès le mois de mai, les bataillons et les escadrons purent être rassemblés pour les exercices. Déjà les premiers détachements habillés et armés avaient été groupés en quatre bataillons formant une brigade provisoire que le major von Marwitz avait conduite sous les murs de Magdebourg. La landwehr brandebourgeoise, concurremment avec une partie de la landwehr poméranienne, constitua, dans la suite, deux divisions. Les brigadiers de ces grandes unités portaient tous des noms devenus illustres; c'étaient les colonels von Bogulawski, von Borstell, von Bismarck, le lieutenant-colonel von Willisen, le major von Rohr et le landrath von Bredow.

---

(1) Au moment de la prestation du serment de fidélité, les landwehriens se mutinèrent dans l'église. — Rapport du directeur de la police Flesche (19 avril 1813).

Mais il ne faudrait pas se hâter de juger de la valeur des troupes d'après les chefs qui les commandaient. Voici ce qu'écrivait au général Bülow, en date du 12 mai, le général-major von Hirschfeld, commandant la 1re division :

« Votre Excellence me demande de lui rendre compte des conditions dans lesquelles les bataillons de landwehr pourraient être, dès à présent, employés devant l'ennemi. J'ai le devoir de répondre qu'à mon grand regret ces bataillons sont bien loin de pouvoir être utilisés; il leur manque encore tout ce que doivent posséder de vrais soldats. D'ailleurs, leur armement est fort incomplet et les effets d'habillement sont encore pour la plupart dans les ateliers des tailleurs. *Les bataillons manquent presque totalement d'officiers instruits;* toutes les compagnies n'en ont pas, pas plus qu'elles n'ont de sous-officiers capables. Par suite de cette situation, et aussi parce que ces troupes ont été en marche jusqu'au 8 et au 9 de ce mois, il leur manque l'instruction première... Je m'exposerais aux plus grands dangers et à la plus grave responsabilité si je voulais les conduire à l'ennemi dans l'état où elles sont. »

Les événements militaires du mois de mai, et notamment les pointes exécutées par les colonnes françaises sorties de Wittemberg, obligèrent à tirer la landwehr hors de ses cantonnements de formation avant qu'elle ait pu être complètement organisée. Elle fut dirigée sur la Havel et la Ruthe pour en assurer la défense.

Au moment de l'appel aux armes du 17 mars, la Poméranie, à l'exception de Stettin, avait été évacuée depuis un mois déjà par les Français. Cette province, presque complètement épargnée par la Grande Armée de Napoléon, avait, par contre, largement contribué à renforcer l'armée permanente, notamment les corps de Borstell et de Bülow; elle avait fourni à l'artillerie de ces deux généraux beaucoup de chevaux; elle avait logé et nourri leurs troupes et équipé un nombre considérable de chasseurs volontaires. Les garnisons françaises de Danzig et de Stettin, pour approvisionner ces places, avaient ruiné les pays environnants. Les corps de blocus avaient opéré de nombreuses réquisitions pour assurer leur propre ravitaillement et les colonnes russes lancées à la poursuite des Français avaient achevé d'épuiser une province peu riche par elle-même. La loi sur la landwehr allait peser lourdement sur des populations appauvries; aussi sa mise en pratique fut-elle lente et difficile.

Au point de vue militaire, l'ordonnance du 14 mars avait partagé la Poméranie en deux subdivisions : la principale, la Poméranie Orientale, dépendait du gouvernement entre Oder et Vistule; la plus petite, la Poméranie Occidentale, ressortait du gouvernement entre Elbe et Oder.

La Poméranie Occidentale devait fournir 4.200 landwehriens; ce chiffre ne put jamais être atteint. Au milieu de mai, un seul bataillon était levé. Bien que son cadre d'officiers fût fort incomplet et que les hommes fussent armés presque exclusivement avec des piques, il passa dans le Brandebourg pour contribuer à l'organisation entreprise dans cette province.

La Poméranie Orientale devait fournir 11.867 hommes. Le tirage au sort s'effectua très lentement au milieu des plus graves désordres. Les nobles traditions du règne du grand Frédéric avaient été perdues par une population que cet illustre monarque considérait autrefois comme le « principal soutien de l'Etat ». Dans certains cercles, les bras manquaient pour les travaux agricoles : il s'ensuivait de nombreuses réclamations; dans d'autres, le peuple ne cherchait même pas à excuser sa mauvaise volonté. Dans le cercle de Neu-Stettin, il ne se présenta que 11 hommes; dans celui de Bütow, les paysans s'enfuirent dans les forêts et ceux qu'on réussit à incorporer de force ne tardèrent pas à déserter. Dans certains districts, au contraire, la population fit preuve de plus de courage; mais alors on se heurta à un autre obstacle : la misère.

De l'aveu des fonctionnaires, il existait des familles entières qui, depuis longtemps, ne se nourrissaient plus que d'herbes et de racines. Partout on ne rencontrait que pauvreté ou manque de patriotisme. A la fin de mai, bien des bataillons de landwehr étaient encore pieds nus et sans armement.

La Silésie était la province dont l'état était le plus florissant. En 1807, en raison de son éloignement du théâtre principal des opérations, elle n'avait eu que fort peu à souffrir de la guerre. En 1812, elle avait été épargnée par les colonnes françaises en marche vers la Russie. Malgré, et peut-être même à cause de cette situation privilégiée, la levée de la landwehr ne s'y effectua que lentement : le sentiment de patriotisme n'y avait pas été exalté par les récents événements, et les Silésiens demeuraient comme engourdis dans leur bien-être égoïste. Cependant il faut reconnaître que la Silésie était une province plus slave qu'allemande; moins de cent ans auparavant, elle se trouvait encore sous la domination de l'Autriche; aucune tradition ne l'associait donc aux destinées de la Prusse.

En 1813, la Silésie était divisée en deux départements: la Haute et la Basse Silésie, ayant respectivement leurs chefs-lieux à Breslau et à Leignitz. Elle formait le deuxième gouvernement militaire (édit du 14 mars), sous la direction du ministre d'Etat von Altenstein et

— 149 —

du général comte Gotzen, justement apprécié et connu à cause de l'organisation défensive de la région qu'il avait dirigée lui-même en 1807. Le gouvernement, qui s'était transporté à Breslau, pouvait trancher sur place et sans retard les difficultés provenant de la levée des 49.974 landwehriens imposés à la province. Ni la direction ni les moyens ne faisaient donc défaut à la Silésie.

Dans la Basse-Silésie, le tirage au sort s'effectua très difficilement, à cause de la mauvaise volonté de la population. Dans certains cercles, il se produisait des émeutes; dans d'autres, les autorités municipales se refusaient à opérer des levées. Il fallut l'intervention énergique de la gendarmerie pour réprimer le désordre et résoudre les bourgmestres à accomplir leur devoir.

Dans la Haute-Silésie, les choses allaient au pire. « Les mœurs (du paysan de la Haute-Silésie) sont viciées à un point incroyable — écrivait le prince de Pless (1) dans un rapport. — L'ivrognerie poussée jusqu'à la bestialité est sa passion dominante (2). Il ne connaît point le patriotisme. On pourrait trouver dans son caractère un peu de bigoterie, mais cependant pas assez pour pourvoir l'exploiter. L'influence que le seigneur pouvait autrefois exercer sur ses sujets est perdue... De plus le paysan est paresseux et a une répugnance absolue pour l'état militaire (3); répugnance qui fait que, depuis 60 ou 70 ans, les recrues doivent être en général surprises pendant la nuit, garrottées (4) comme des bêtes sauvages et envoyées ensuite dans cet état au régiment. L'adoucissement introduit (après 1807) dans la discipline militaire, autre-

---

(1) Rapport du 17 mai. Le prince de Pless était brigadier dans la landwehr.

(2) « Nur viehische Völlerei ist die Befriedigung seiner Wünsche. »

(3) « Eine decidirte Abneigung gegen den Soldatenstand. »

(4) « Mit Stricken eingefangen. »

fois si sévère, n'a pu modifier en rien ces fâcheuses dispositions. »

D'après ce tableau, on peut aisément se faire une idée des difficultés auxquelles se heurta la mise en pratique de la loi sur la landwehr. Les hommes levés de vive force ne tardèrent pas à s'enfuir en masse au delà des frontières et cherchèrent un refuge dans les provinces de la Pologne russe. Le Tzar donna l'ordre de ramener les fugitifs, que le gouvernement prussien fit interner dans les forteresses de Glatz et de Neisse.

Emu par la désertion qui ne cessait de régner dans la landwehr, le roi édicta contre ce délit les peines les plus sévères : tout déserteur devait être puni, une première fois, de 4 à 6 semaines de prison et de 50 à 100 coups de bâton; le récidiviste était passé par les armes.

Pour organiser ces bandes sans patriotisme, les uniformes, les objets d'équipement, les fusils, tout faisait défaut. On avait bien essayé d'acheter des armes en Autriche; mais les manufactures de ce pays, spéculant sur la situation, avaient doublé leurs prix, et les caisses royales étaient presque vides. Force fut de fabriquer des piques.

Dans une circulaire datée de Dresde, le 6 mai, le chancelier Hardenberg manifestait énergiquement tout le mécontentement du roi. Ces inutiles récriminations ne pouvaient donner des soldats aux cinq généraux de division qu'on s'était trop tôt empressé de nommer. Le plan de Scharnhorst prévoyait en effet pour la Silésie la formation de cinq divisions de landwehr; mais ces prévisions étaient loin d'être réalisées : sur les 68 bataillons et 71 escadrons attribués à la province, 24 bataillons et quelques escadrons seulement étaient levés au moment de l'armistice.

VIII

LES RÉGIMENTS NATIONAUX DE CAVALERIE

Pénurie de chevaux. — Le régiment national de cavalerie prussienne. — Son organisation. — Le régiment national de cavalerie poméranienne. — Le régiment national de cavalerie silésienne.

De toutes les armes, la cavalerie est la plus difficile à improviser; en effet, non seulement elle nécessite des hommes ayant les aptitudes voulues, mais encore elle exige des chevaux dressés en vue du service spécial qu'on leur imposera. Scharnhorst avait prévu ces difficultés. Les hommes instruits ne manquaient pas parmi les réservistes; quant aux chevaux, à maintes reprises il en avait fait faire le recensement et il avait établi des listes de réquisition tenues soigneusement à jour.

Bien que les colonnes françaises de 1812 eussent emmené à leur suite un grand nombre d'animaux requis, les sages dispositions prises par Scharnhorst permirent de renforcer rapidement l'effectif des unités permanentes, et de créer un cinquième escadron dans chaque régiment de cavalerie. Cependant, en raison de l'accroissement considérable des forces prussiennes, ces ressources étaient à peine suffisantes ; l'initiative des provinces se chargea de les augmenter. Tandis que les départements français fournissaient à l'empereur Napoléon des cavaliers montés et équipés pour ses « gardes d'honneur », les provinces prussiennes offraient au roi

Frédéric-Guillaume des « régiments nationaux de cavalerie ».

C'est dans la province de Prusse qu'il convient de rechercher l'origine de ces formations conduites parallèlement à la landwehr, mais absolument distinctes de cette milice.

La campagne de Russie avait été funeste à la cavalerie du corps d'York; les chevaux faisaient défaut pour réparer les pertes, et c'est à peine si Bülow avait pu se constituer un corps de 300 cavaliers. La remonte devenait donc difficile par les voies ordinaires; aussi York s'empressa-t-il de mettre à profit « le beau zèle qui se montrait partout dans la province, pour obtenir, au moyen de dons spontanés et de prestations volontaires, ce qu'il n'aurait pu que fort difficilement se procurer par la voie de réquisition ». Toutefois, le général ne voulut point ordonner de sa propre initiative une organisation qu'il considérait comme étant du ressort des représentants du peuple qui, volontairement, allait en supporter le poids. Le 8 février, il adressa aux Etats provinciaux un mémoire destiné à faire ressortir « l'insuffisance des moyens mis à sa disposition pour former la cavalerie nécessaire », et dans lequel il proposait la création d'un « régiment national de cavalerie », composé uniquement de volontaires et levé au moyen de dons patriotiques.

« J'estime — écrivait-il — que l'on pourrait retirer de la Prusse Orientale, de la Lithuanie et de la Prusse Occidentale, un corps national de cavalerie prussienne fort de 1.000 hommes et de 1.000 chevaux.

» Chaque volontaire amènerait avec lui un bon cheval de hussard pourvu de :

» 1° Un bridon ;

» 2° Une couverture de dessous en laine et un surfaix;

» 3° Une selle hongroise;

» 4° Une couverture en peau de mouton noire.

» On se procurerait les effets qui ne pourraient être fournis par les cavaliers, au moyen d'une répartition faite sur tout le pays. L'habillement des hommes et ce qui manquerait encore aux chevaux serait à la charge de l'Etat.

» Le nombre de ces 1.000 hommes de cavalerie serait déduit de l'effectif imposé pour la formation de nouveaux corps.

» Il serait pourvu à la nomination des officiers par les soins de Sa Majesté; cependant un certain nombre d'emplois demeureraient réservés aux jeunes gens qui auraient préféré à leurs paisibles occupations l'honneur de combattre pour le droit et la liberté. Les talents et les services exceptionnels ne seraient pas méconnus et ouvriraient la porte à de plus hautes charges. »

Accueillie avec empressement par les Etats, cette proposition, complétée par toute une suite de dispositions de détails, fut portée à la connaissance du public par la voie de la presse, qui s'efforça partout de provoquer les engagements et d'encourager les dons volontaires. En dépit des lourdes charges qu'imposait aux populations la mise en pratique de la loi sur la landwehr, le major Lehndorf réussit à se procurer les ressources nécessaires pour mener à bien l'organisation qui lui avait été confiée. L'argent fourni par les riches permit de monter et d'équiper les volontaires trop pauvres pour pourvoir eux-mêmes à leurs besoins. « Ces dons furent si importants que, grâce à eux, 400 chevaux complètement harnachés purent être rassemblés pour le régiment; des cavaliers presque en aussi grand nombre furent vêtus et armés (1). » La taxe militaire imposée aux Mennonites

---

(1) Rapport du major Lehndorff au général York.

en échange de la dispense dont ils jouissaient de ne pas servir dans la landwehr, permit de compléter l'effectif du régiment.

Pour remplacer l'uniforme manquant, les cavaliers se bornèrent à coudre un col rouge et des brandebourgs jaunes sur leur lithewka (1).

Pour ce qui est de l'armement, « la lance fut choisie comme arme principale, — écrit le major Lehndorff (2) — en partie parce qu'il était impossible de se procurer des sabres utilisables, en partie parce que l'on ignorait la subdivision d'arme à laquelle appartiendrait dans la suite le régiment; mais surtout à cause de l'effet moral que cette arme produisait alors sur l'ennemi, effet que nous avions connu d'une façon certaine par les transfuges. Plus tard il me fut possible de me procurer à Kolberg 300 sabres anglais qui me permirent de remplacer les sabres les plus mauvais en usage dans le régiment et de pourvoir de cette arme les cavaliers qui en manquaient. Depuis lors l'expérience m'a convaincu que la lance, en raison de l'habileté encore insuffisante de nos cavaliers, et aussi de la si grande diversité de leurs aptitudes physiques, n'est pas l'arme la plus convenable; peut-être y aurait-il avantage à en armer le premier rang, tandis que le deuxième rang utiliserait le sabre avec certainement plus de succès ». Cette manière de voir prévalut dans la suite et, lorsque le régiment national eut été complètement pourvu de sabres et de pistolets, les lances ne furent pas abandonnées, mais continuèrent à armer le premier rang (3).

---

(1) Nous avons dit que la lithewka était une sorte de blouse constituant le vêtement national de la plupart des paysans prussiens.
(2) Rapport au général York.
(3) Rapport du major von Thile au ministre de la guerre (29 décembre 1813.) — C'est la solution actuellement adoptée dans la cavalerie française.

Le « régiment national de cavalerie prussienne » gagna bravement ses éperons à l'affaire de Luckau. A la fin de la guerre, le roi lui fit l'honneur de l'incorporer dans sa garde; c'était le meilleur certificat de bonne conduite qui pût être accordé à une troupe dont l'organisation avait servi de modèle à toutes les autres provinces.

La Poméranie, la Silésie, le Brandebourg entreprirent, sur les mêmes bases, l'organisation de régiments nationaux de cavalerie; mais la mise en vigueur de la loi sur la landwehr paralysa leurs efforts en absorbant toutes les ressources.

Le régiment poméranien ne put comprendre que trois escadrons sans dépôt (1); le régiment silésien n'en eût que deux (2) et encore les cavaliers manquaient-ils non seulement d'armes, mais encore des objets les plus indispensables à une troupe en campagne (3).

Quant au Brandebourg, il ne put mener à bien une tâche au-dessus de ses forces. Le roi lui-même, tout en rendant hommage à la bonne volonté des Etats de cette province, émit le vœu qu'ils renonçassent à leurs projets pour reporter tous leurs efforts sur l'organisation de la landwehr.

En résumé, les provinces ne purent lever que trois régiments de cavalerie d'effectif très faible, mal armés et mal équipés.

---

(1) Il fut affecté au 3ᵉ corps (général Bülow) avec lequel il fit la seconde partie de la campagne. A la fin de la guerre, deux escadrons entrèrent dans la garde, le troisième contribua à la formation du 4ᵉ ulans.

(2) Il servit dans le corps de Kleist et contribua plus tard à la formation des ulans de la garde.

(3) Lettre de Blücher au roi (10 juillet 1813).

IX

ORGANISATION ENTREPRISE PENDANT L'ARMISTICE

Fautes commises au début de la campagne. — York marche sur Berlin. — Blücher pénètre en Saxe. — Batailles de Lützen et de Bautzen. — Désaccord avec les Russes. — Retraite en Silésie. — Armistice du 4 juin. — Réorganisation de l'armée de ligne. — La landwehr en Lithuanie et en Prusse Orientale. — Divisions Dohna et Bardeleben. — Triste situation de la division Wobeser de la Prusse Occidentale. — La landwehr dans le Brandebourg. — La division de landwehr poméranienne. — Gneisenau organise de vive force la landwehr en Silésie. — Pénurie d'officiers. — Résultats d'ensemble. — Différentes manières d'amalgamer la landwehr et la ligne. — Le mélange des hommes proposé par York. — L'amalgame par régiments. — Organisation en brigades. — Fractionnement de l'armée prussienne.

Au commencement d'avril, les forces militaires de la Prusse s'élevaient en chiffre rond à 128.000 hommes de troupes de ligne. Cette masse fut loin d'être complètement utilisée en rase campagne : on en préleva une notable partie pour assurer la garde du pays, surveiller les lignes d'étapes, tenir les forteresses et bloquer les Français dans les places qu'ils occupaient encore. Finalement 55.000 hommes (c'est-à-dire moins de la moitié de l'effectif) purent se joindre aux Russes pour poursuivre le prince Eugène au delà de l'Elbe jusque dans les plaines de la Saxe, théâtre de tant de luttes célèbres et où allaient se livrer encore les batailles décisives.

L'état-major prussien avait disséminé sur les derrières de l'armée la majeure partie de ses forces. Au moins, pouvait-on espérer qu'il aurait la sagesse de maintenir groupés les éléments destinés à la lutte. Il n'en fut rien : 22.000 hommes furent inutilement prélevés pour fournir des détachements dans toutes les directions ou assurer des missions spéciales; de telle sorte que 33.350 Prussiens seulement parurent sur les champs de bataille à côté de 35.775 Russes. La Prusse, ayant commis les mêmes fautes qu'en 1806, courait au-devant des mêmes revers.

Le corps d'York s'était mis le premier en mouvement. Arrivé à Conitz le 22 février, York y avait eu une entrevue avec Witgenstein et le général Bülow. A cette époque, les négociations d'un traité d'alliance avec la Russie étaient entamées et l'armée prussienne commençait à se mobiliser. Witgenstein exposa que le Tzar était fermement décidé à pousser ses troupes en avant; tout retard était du temps gagné par les Français; il fallait agir au plus vite, marcher sur Berlin, dégager cette capitale et rendre confiance à la Prusse en rejetant sur l'Elbe l'armée affaiblie du prince Eugène. York disposait de 20.000 hommes, Bülow en avait 8.000 à Neu-Stettin et Borstell 6.000 à Kolberg; soit en tout 34.000 hommes qui pouvaient soutenir les Russes dans leur mouvement offensif. Sans hésiter, York promit son concours.

Le 26 (1), Bülow et York suivirent les Russes dans la direction de Berlin. Quant à Borstell, il quitta Kolberg le 1er mars et marcha sur Stargardt en se conformant au mouvement général; lui aussi avait pris l'initiative d'agir « plutôt suivant les circonstances présentes que d'après les ordres reçus (2) ».

---

(1) Le mouvement commença le 26 pour les troupes de Bülow et le 28 pour celles d'York.
(2) Rapport du général Borstell au roi.

L'alliance venait enfin d'être conclue à Kalisch. Des ordres (1) furent expédiés aussitôt à Borstell, à Bülow et à York et ils étaient conformes aux décisions que ces trois généraux venaient de prendre de leur propre autorité.

Witgenstein, à la poursuite des Français, traversa Berlin le 4 mars. Le 17, York entrait à son tour dans la capitale, tandis que le roi, suivi des troupes de sa garde, arrivait à Potsdam. La timidité des Berlinois se changea dès lors en un bruyant enthousiasme et les volontaires affluèrent dans les détachements de chasseurs.

Tandis que ces événements se produisaient dans le nord de la monarchie, Blücher, à la tête de l'armée qu'il venait d'organiser en Silésie, pénétrait en Saxe en même temps que les Russes et traversait l'Elbe à leur suite. Tout à coup, comme étonnés de leur audace, les Alliés arrêtèrent leur marche offensive. Le Tzar se tenait pour satisfait d'avoir dégagé la Prusse à laquelle il voulait donner le temps d'achever ses levées.

Le 2 mai, à Lützen, Français et Prussiens se rencontrèrent pour la première fois depuis 1807. La lutte fut acharnée aux abords des villages de Görschen, Kaja et Rahna où les régiments prussiens perdirent inutilement le quart de leur effectif (2). De nouveau écrasés à Bautzen, les Alliés battirent en retraite vers leurs réserves; mais celles-ci n'étaient point encore en état de les soutenir. La landwehr dont la formation avait été ralentie par le manque de patriotisme et la pénurie des ressources, était à peine groupée; elle manquait d'armes. Le Tzar, qui avait compté sans doute sur plus d'ac-

---

(1) Ils étaient datés du 1er mars.
(2) Les Prussiens perdirent dans la bataille de Lützen 8.000 hommes tués ou blessés.

tivité, prit la résolution d'abandonner ses alliés à leur malheureux sort pour ramener ses forces jusque sur la Vistule et couvrir ainsi directement les frontières de son vaste empire. Aux récriminations de Frédéric-Guillaume, il répondait en l'engageant à ne pas abandonner la lutte, mais à masser ses troupes en Silésie, afin de menacer sur leur flanc droit les colonnes de Napoléon. La situation était fort critique pour les Prussiens : quelle que fût en effet la direction de leur retraite, ils devaient inévitablement abandonner aux Français, non seulement les ressources déjà faibles de leur territoire, mais encore tout le matériel de guerre rassemblé à grand'peine pour la landwehr. Ils ne pouvaient même pas espérer rallier complètement cette milice sans instruction dont les éléments étaient disloqués dans toute la monarchie.

Frédéric-Guillaume, dans son « appel au peuple », avait juré de vaincre ou de mourir; mais les patriotes avaient tout à redouter de la faiblesse du monarque qui parlait déjà de conclure la paix. Bülow, Borstell, Gneisenau, Blücher, tous les généraux honteux de leurs défaites conjuraient leur souverain de persévérer dans la lutte. Ils lui rappelaient ses promesses et l'engageaient à n'admettre une trêve que pour gagner du temps et achever d'armer le peuple, suprême espoir de la défense. Les choses en étaient là, lorsque Napoléon lui-même sauva la Prusse en acceptant un armistice qui fut conclu avec empressement. (4 juin.)

Comme toutes les âmes faibles, le roi passa de l'excès de la crainte à la plus grande confiance; la veille il songeait à déposer les armes : le lendemain il prêchait la guerre à outrance :

« L'ennemi a proposé un armistice — proclamait-il ; — moi et mes alliés, nous l'avons consenti jusqu'à la date du 20 juillet. *Notre but a été de permettre à toutes les forces de la nation d'atteindre leur complet développement*. Par une activité incessante, des efforts ininterrompus nous arriverons à ce résultat. Jusqu'à ce moment l'ennemi nous a été supérieur en nombre et nous n'avons pu que reconquérir l'honneur national; utilisons cette courte trêve pour accroître nos forces afin de reprendre aussi notre indépendance (1). »

Durant cette première partie de la campagne, l'armée prussienne avait subi des pertes énormes qu'il importait de réparer. Les dépôts étaient pleins de recrues dont l'instruction avait été poussée avec activité; on les versa dans les régiments. Les vacances produites dans les cadres furent comblées au moyen de promotions; un certain nombre de sous-officiers et les meilleurs chasseurs volontaires furent nommés officiers. Enfin, les trois régiments nationaux de cavalerie étaient prêts à entrer en campagne. Ainsi reconstitués, les régiments de ligne allaient servir de base à l'armée la plus puissante que la Prusse eût encore levée (2).

On avait longtemps discuté pour savoir comment il conviendrait d'employer la landwehr. Confier à cette milice le soin de défendre les provinces et de conduire la petite guerre autour des forteresses, tel avait été le plan primitif de Scharnhorst; telle fut aussi la solution admise par les Etats de Königsberg. Mais la marche inattendue des événements fit modifier ce projet. Nous avons vu Scharnhorst lui-même demander que la landwehr fût employée à combattre en dehors des provinces et à côté de l'armée permanente. L'armistice de Pleiswitz laissait l'armée prussienne acculée à la Silé-

---

(1) Proclamation du 5 juin 1813. Il est à remarquer que le roi de Prusse attribue à Napoléon la proposition d'un armistice : ce qui est inexact. Voyez Thiers, *Histoire de l'Empire*.

(2) Nous trouvons ici un exemple de l'importance des dépôts.

sie, loin des places de la Vistule et de l'Oder qu'elle avait autrefois projeté de défendre et qui se trouvaient encore entre les mains des Français. La résolution de renforcer les troupes de ligne au moyen de la landwehr demeurait donc la seule logique; il restait à la mettre en pratique.

Quelle était à cette époque la situation de la landwehr? Comment convenait-il d'en tirer parti?

Dans les provinces de Lithuanie et de Prusse Orientale, la landwehr était, depuis le milieu de mai, prête à entrer en campagne. Le 21, le major Dohna avait groupé en une division les bataillons faisant partie de son inspection et, conformément aux ordres de Scharnhorst (1), il les avait conduits sous les murs de Danzig pour relever devant cette place les bataillons de réserve jusqu'alors employés au siège. Cette unité était forte de 9 bataillons, 6 escadrons et 1 batterie.

La 2ᵉ division, sous les ordres de Bardeleben, ne quitta la province que le 1ᵉʳ juillet et fut dirigée sur l'Oder pour contribuer au blocus des places fortes (2).

L'organisation était loin d'être aussi avancée dans la Prusse Occidentale, où la formation de la 3ᵉ division se heurtait partout au mauvais vouloir des populations. Les quelques bataillons qu'on venait de rassembler à la hâte étaient mal vêtus, à moitié armés et animés du plus mauvais esprit; tristes présages! On avait espéré remédier quelque peu à cet état de choses en ordonnant au cercle poméranien de Lauenburg-Butow de fournir un contingent de 730 fantassins et 70 cavaliers. On comptait sur ce renfort non seulement pour relever les effectifs affaiblis par la désertion, mais encore pour entraîner par l'exemple les autres landwehriens peu disposés

---

(1) Ordre du 6 mai.
(2) Ordre du 3 juin.

à se battre. Le 8 juin, ordre fut donné au général Wobeser de conduire sa division sur l'Oder.

Le général concentra ses trois brigades (1) autour de Conitz; mais une désertion continue réduisit bientôt ces unités à la moitié de leur force. C'est en vain que des patrouilles parcoururent le pays pour ramener les fugitifs; rien ne put réussir à les faire rentrer dans le devoir. Force fut de réduire l'effectif des compagnies à 150 hommes, et encore ce chiffre ne fut-il jamais atteint (2). Quant à l'armement, il ne put être porté au complet malgré les désertions, parce que les déserteurs emportaient leurs armes. La division ne fut totalement armée qu'en août, grâce aux fusils, aux sabres et aux pistolets que l'Angleterre ne cessait de débarquer sur les côtes.

La 1re brigade passa au 3e corps, sous les ordres du général von Bülow. Les deux autres demeurèrent au cantonnement autour de Driesen. Toutes ces troupes étaient pitoyables, et on n'osait les porter au-devant des Français par crainte d'une débandade générale dès les premiers coups de feu. Le général-major von Thümen ne dissimulait pas ses inquiétudes. « La landwehr de la Prusse Occidentale est toujours aussi mauvaise — écrivait-il — et elle est encore loin de pouvoir être employée devant l'ennemi. Une grande partie est pieds nus... Les chefs de bataillon sont tous inutilisables et ignorants ou peu s'en faut. » Sur les instances de Bülow, le roi débarrassa le 3e corps d'une troupe qui n'était pour lui qu'une gêne : la 1re brigade de landwehr reçut l'ordre de rallier sa division.

---

(1) La 1re brigade comptait 4 bataillons et 3 escadrons.
La 2e brigade comptait 3 bataillons et 3 escadrons.
La 3e brigade comptait 3 bataillons et 4 escadrons.
(2) Au commencement d'août, il manquait encore 2.110 hommes.

Entre le 10 et le 11 août, le général Wobeser, avec ses trois brigades décimées par la désertion, atteignait l'Oder aux environs de Francfort, où il fut renforcé par un bataillon poméranien. La division ainsi complétée rejoignit, le 25 août, le 4e corps d'armée (général Tauenzien), dont elle suivit les destinées.

La situation de la landwehr dans les Marches de Brandebourg était loin d'être florissante. Nous avons dit que les fréquentes attaques effectuées par les colonnes françaises sorties de Wittemberg avaient obligé les Prussiens à pousser sur la Havel les premiers bataillons organisés, afin de couvrir la formation d'autres unités. Ces unités nouvelles n'accomplissaient que peu de progrès et les rapports du général Bülow sur leur compte étaient si défavorables que le roi se décida à envoyer spécialement le colonel von Boyen pour diriger leurs exercices. La conclusion de l'armistice de Pleiswitz permit à l'organisation de se développer rapidement, grâce au zèle déployé par les généraux prussiens que n'absorbait plus le service de guerre. Un certain nombre de sous-officiers et d'officiers de la ligne furent détachés provisoirement dans la landwehr pour l'instruire : ce qu'ils firent rapidement étant donné leur expérience acquise durant la première partie de la campagne. Les vacances existant dans les cadres purent être comblées au moyen de nominations faites parmi les chasseurs volontaires. Toutefois, à en croire le général von Hirschfeld, ces nouveaux officiers ne réalisaient pas les espérances que l'on avait fondées sur eux.

« A nous, landwehriens, — écrivait le général — on ne pourrait nous rendre un plus grand service que de nous envoyer des officiers instruits. Malheureusement je m'aperçois avec terreur que les officiers affectés à ma division proviennent, pour la plupart, des chasseurs volontaires, et sont tout aussi ignorants du service que les officiers de la landwehr. »

Quoi qu'il en soit, malgré les difficultés qu'il avait fallu surmonter, la landwehr brandebourgeoise était prête à entrer en campagne à la reprise des hostilités. Elle fut répartie entre les corps des généraux Bülow et Tauenzien.

En dépit de la trêve conclue avec les Français, la Poméranie Occidentale ne réussit à lever que 3 bataillons et 3 escadrons, faibles ressources sur lesquelles on ne pouvait même pas compter, car les landwehriens désertaient en grand nombre sur le territoire suédois. Quant à la Poméranie Orientale, elle n'avait pas montré tout le patriotisme qu'on était en droit d'attendre d'elle; au moment où fut signé l'armistice de Pleiswitz, la plupart de ses bataillons de landwehr étaient encore pieds nus et sans armes. A l'aide de menaces, le grand chancelier Beyme et le président von Köller (1) réussirent à vaincre les mauvaises volontés; à force d'habileté et d'économie, ils surent tirer profit de tous les bons vouloirs et des faibles ressources mises à leur disposition. Le 1er juin, toutes les forces éparses avaient été groupées en une division à trois brigades. Cinq bataillons seulement demeuraient en dehors de cette organisation : l'un alla renforcer la landwehr de la Prusse Occidentale, l'autre passa dans le Brandebourg; les trois derniers, à chacun desquels on adjoignit un escadron, furent répartis entre les corps d'armée où ils reçurent probablement des missions spéciales (2).

---

(1) Beyme était gouverneur civil du gouvernement entre Oder et Vistule; von Köller était commissaire général des Etats de Poméranie.

(2) L'un de ces groupes était commandé par le capitaine von Katte, le même qui s'était illustré comme lieutenant sous les ordres du célèbre partisan de Colomb. Voir notre étude sur : *Les corps francs dans la guerre moderne*, etc.

Le général von Plötz, qui prit le commandement de la division poméranienne, ne tarda pas à s'apercevoir des graves inconvénients résultant de l'insuffisance des cadres. Une compagnie de vétérans westphaliens, que le général Tschernitscheff venait de former à Halberstadt (1), lui avait bien fourni quelques gradés instruits ; mais leur zèle ne pouvait suppléer à la pénurie d'officiers. Le général Tauenzien, dont dépendaient ces troupes, déclarait hautement qu'elles étaient mauvaises et inutilisables devant l'ennemi.

Vers la fin de juin, arrivèrent d'Angleterre des armes et des effets qui furent aussitôt distribués à la landwehr et, le 15 juillet, le général von Plötz amena sa division sous les murs de Stettin pour relever les troupes de ligne jusqu'alors employées au blocus de cette place.

En Silésie, quelques escadrons et 24 bataillons seulement avaient pu être levés au moment de l'armistice; encore ces troupes se trouvaient-elles dans le plus pitoyable état : les fantassins étaient armés avec des piques et quelques mauvais fusils; la plupart des cavaliers n'avaient ni sabre ni pistolet; la désertion régnait partout. La défaite de Bautzen, en ouvrant aux Français les portes de la province, avait eu pour résultat d'arrêter net l'organisation commencée dans la partie nord de la Silésie. Par contre, l'armée permanente avait été refoulée dans la partie sud et la terreur qu'elle inspirait aux habitants avait fini par les faire rentrer dans le devoir. Les cercles fournissaient, de gré ou de force, les ressources qui manquaient encore et le général Gneisenau, qui avait pris la direction des levées, déployait partout la plus grande activité et la plus grande énergie.

---

(1) Elle comprenait un officier et 132 soldats ayant presque tous servi autrefois dans l'armée prussienne.

Par la force, Gneisenau pouvait se procurer de l'argent et des hommes, mais il ne pouvait improviser des cadres. « Plusieurs bataillons — écrivait-il au roi (1) — sont commandés par des hommes faibles et usés ; dans plusieurs autres, les commandants désignés ne se sont même pas présentés, on a dû les remplacer par des capitaines... Les emplois d'officiers subalternes ont été donnés, en grande partie, à des hommes n'ayant jamais fait de service et leur choix n'a pas toujours été des plus heureux ; *souvent même il a fallu les contraindre* (2) ; encore beaucoup d'emplois demeurent-ils vacants... Il serait désirable que des places fussent réservées à de jeunes officiers ayant rendu de bons services dans l'armée, dans les réserves ou dans les bataillons de garnison et auxquels on accorderait de l'avancement. On pourrait même employer de bons sergents-majors ou de bons sous-officiers, qui seraient remplacés dans l'armée par des jeunes gens provenant des chasseurs volontaires. »

Lorsque les hostilités furent reprises, 45 bataillons et 28 escadrons avaient déjà rejoint l'armée de ligne ; plus de 24 bataillons et 12 escadrons, qui étaient loin d'être utilisables devant l'ennemi (3), demeuraient à la garde des places.

Dans la suite de la campagne, on essaya de créer des bataillons et des escadrons de réserve pour la landwehr ; mais, l'armée permanente ayant quitté la province, les habitants recommencèrent à s'enfuir dans les forêts ; traqués de toutes parts, ils franchirent la frontière, et les autorités russes durent encore une fois leur faire donner la chasse. Ils furent ramenés captifs, marchant

---

(1) Rapport au roi (9 juillet).
(2) « Oft selbst durch Zwang ».
(3) Quelques-uns de ces bataillons n'avaient même pas de chaussures.

le jour sous la conduite des gendarmes et parqués, la nuit, dans de vastes locaux gardés par des sentinelles ; ce qui ne les empêcha pas de déserter de nouveau après leur incorporation.

Si, maintenant, nous jetons un coup d'œil d'ensemble sur les résultats obtenus depuis la publication de l'appel au peuple jusqu'au moment de la rupture de l'armistice, nous pourrons nous rendre compte de la grandeur des efforts que fit la Prusse pour reconquérir son indépendance. De longues déductions n'ajouteraient rien à l'éloquence aride, mais convaincante des chiffres.

(1)	Bataillons	Escadrons	Effectifs.
Lithuanie, Prusse Orientale et Occidentale (rive droite de la Vistule).........	20	16	20.000
Prusse Occidentale (rive gauche de la Vistule)................................	9	7	6.620
Silésie................................	68[2]	40[2]	49.974
Marche électorale de Brandebourg......	23	25	20.560
Nouvelle marche de Brandebourg.......	11	7	7.941
Poméranie............................	18	18	15.409
TOTAUX............	149	113	120.504

D'autre part, l'armée permanente avait porté ses effectifs à 142.125 hommes ; la Prusse disposait donc de 262.629 hommes ; elle avait sextuplé ses forces.

Le roi Frédéric-Guillaume ordonna que les troupes de landwehr relèveraient les troupes de ligne, jusqu'alors employées aux blocus des places, de façon à permettre à l'armée permanente de se consacrer tout entière à son rôle d'armée d'opérations, après avoir été renforcée par les bataillons de landwehr encore disponibles. L'état-

---

(1) Nous empruntons ce tableau à Bräuner, *Geschihte der preussischen Landwehr*.
(2) Nous avons dit que ces unités étaient loin d'être toutes utilisables devant l'ennemi.

major prussien affecta à l'armée permanente les bataillons de landwehr qui lui semblaient les plus solides, et dont l'armement et l'équipement étaient au complet; les autres furent envoyés devant les places, où ils purent achever leur organisation. Un soldat qui n'est pas pourvu de tout son équipement ne saurait longtemps se maintenir dans le rang durant une guerre en rase campagne, tandis qu'il peut rendre des services dans une guerre de siège, qui ne nécessite pas des déplacements continuels.

Après cette répartition, la landwehr se trouvait employée dans les proportions suivantes : elle formait les 2/5 de l'effectif des quatre corps d'armée actifs, constitués pendant l'armistice, les 8/9 des corps de blocus, et 1/3 des garnisons (1).

L'amalgame des troupes de ligne et de landwehr pouvait s'effectuer de trois manières distinctes :

1° En mélangeant les hommes dans les bataillons;

2° En mélangeant les bataillons dans un même régiment;

3° En mélangeant les régiments dans une même brigade.

Les divers incidents qui avaient marqué la levée de la landwehr ne permettaient pas de songer à employer en rase campagne cette milice organisée en divisions (2), ni même en brigades distinctes, qui se fussent débandées au premier coup de feu; elle ne pouvait conserver quelque cohésion que grâce au bon exemple et à l'appui immédiat des troupes permanentes.

La première solution avait été proposée par le général von Hirschfeld (3). « Je me permets de soumettre aux

---

(1) Les dépôts étaient aussi employés comme troupes de garnison.
(2) L'endivisionnement primitif avait été provisoire.
(3) Le général von Hirschfeld commandait, dans le Brandebourg, la 1re division de landwehr.

réflexions de Votre Excellence — écrivait-il au général Bülow (1) — les propositions suivantes :

» Ce serait un grand avantage si on pouvait compléter les effectifs des bataillons de l'armée permanente considérablement affaiblis par les derniers combats. On pourrait y parvenir au moyen de la landwehr. Quoique les landwehriens ne soient pas complètement instruits, ils profiteraient des fusils disponibles. Mélangés avec des camarades plus anciens, ceux-ci leur apprendraient le service devant l'ennemi, ils les instruiraient en marchant à leurs côtés, etc..., tandis que, dans une compagnie de landwehr, il n'y a souvent même pas un seul homme capable de leur enseigner le strict nécessaire sur toutes ces choses. La différence d'uniformes ne saurait entrer en considération; le bon vouloir, l'exemple de soldats expérimentés, d'officiers et de sous-officiers ayant déjà servi, voilà le principal.

» Rassemblés en bataillons, les landwehriens manquent des ressources d'instruction nécessaires et, dans ces conditions, on ne peut rien attendre d'eux (2).

» On sacrifierait une grande partie de ces soldats pleins d'espérance, jeunes, forts et bons en eux-mêmes, à cause de leur inexpérience, de celle de leurs officiers et de leurs sous-officiers. On les perdrait totalement (3). Fusionnés avec la ligne, ils pourraient faire tout ce que font leurs camarades plus anciens. »

---

(1) Lettre du 10 mai 1813.
(2) Le 7 septembre 1792, le général français Biron écrivait au ministre de la guerre : « Nos volontaires ont une extrême envie de s'instruire, mais n'en ont pas les moyens ».
(3) Le 24 août 1792, le général Kellermann écrivait au ministre de la guerre : « La plupart de ces soldats (les volontaires) sans armes, sans gibernes et déguenillés de la manière la plus pitoyable, ne peut et ne saurait être de la moindre utilité; ce serait sacrifier ces braves gens, dans un moment d'affaire, en les exposant aux coups de fusil ».

En France, pendant la Révolution, à la tribune de l'Assemblée législative, le député Jaucourt avait fait, à peu près dans les mêmes termes, la même proposition, au sujet de la fusion des volontaires dans l'armée de ligne. Cette proposition avait été rejetée comme contraire au principe de l'institution des bataillons de volontaires. Le projet du général von Hirschfeld fut repoussé, lui aussi, comme contraire au principe de l'institution des bataillons de landwehr et parce qu'il offrait de plus l'inconvénient d'être dangereux dans son application. La fusion intime entre les soldats de la ligne et de la landwehr, faite au moment même d'entrer en campagne, ne pouvait produire que de funestes résultats : les landwehriens ne devaient pas avoir le temps de se former au contact de leurs camarades, pour lesquels ils ne pouvaient être qu'un embarras. L'amalgame ainsi entendu eût fait perdre à l'armée permanente, le seul soutien sérieux de la monarchie, une bonne partie de sa valeur.

La situation militaire de la Prusse en 1813 pouvait être aisément comparée à celle de la France au début de la Révolution; mais elle avait sur cette dernière la supériorité de ne pas être compliquée par des troubles politiques et des suspicions. Le grand état-major prussien n'avait donc qu'à suivre, semble-t-il, un chemin tout tracé par la France, en amalgamant les bataillons de landwehr avec ceux de la ligne pour former des régiments. On pouvait éviter ainsi les inconvénients résultant du mélange des hommes, tout en fournissant à la landwehr le moyen de s'instruire par l'exemple de l'armée permanente. Ces avantages, l'esprit éminemment pratique du général York les avait saisis, lorsqu'il avait fait stipuler par les Etats de Königsberg que, dans le cas où la landwehr serait appelée à renforcer l'armée permanente obligée de reculer vers l'Est, les régiments de landwehr seraient dissous et leurs bataillons répartis à raison de un par régiment de ligne. Mais il y a lieu de remarquer que, suivant ce même projet d'York, la landwehr ne devait pas être employée en dehors de la province; on pouvait donc admettre que la résistance de l'armée permanente sur les frontières ouest de la monarchie, menacées par les Français, donnerait le temps de former quelque peu les landwehriens. La marche rapide des événements trompa toute attente. Lorsque l'amalgame par bataillon s'opéra dans l'armée française, l'instruction des volontaires était déjà faite; il n'en était pas de même en Prusse au moment de l'armistice : plus des deux tiers des landwehriens étaient encore sans instruction, à peine armés et voués à l'indiscipline. Le roi craignit que cet amalgame fût funeste à la ligne (1).

Soit par une fausse conception des vrais intérêts de l'armée, soit pour donner satisfaction aux démarches incessantes de la Russie, qui réclamait un accroissement des forces de la Prusse, Frédéric-Guillaume avait décidé que la landwehr serait immédiatement employée, non seulement au blocus des places, mais encore à la guerre en rase campagne; dès lors, l'amalgame par régiments devenait la seule solution possible. Dans les premiers engagements, il fallait en effet ménager les bataillons de landwehr qu'on ne pouvait d'emblée porter en première ligne, sans s'exposer à les voir se débander sous le feu; or, dans une bataille, il est plus aisé et plus avantageux de maintenir en réserve une unité constituée, un régiment, que de grouper plusieurs bataillons prélevés sur des corps différents. Telles sont les raisons qui semblent justifier le système d'amalgame adopté en principe par la Prusse.

---

(1) Nous verrons cependant les généraux prussiens l'adopter et faire alterner sur la ligne de bataille les bataillons de landwehr avec ceux de la ligne.

Si, maintenant, nous jetons un coup d'œil sur les brigades prussiennes nouvellement constituées, nous trouvons que leur effectif oscille entre 7.000 et 9.000 hommes. Le nombre des régiments varie suivant la force de ces derniers. Seule, la quantité de cavalerie est immuablement fixée à quatre escadrons. Rien n'est plus variable aussi que la proportion de landwehr. On a le sentiment que toute cette organisation a été faite à la hâte et sans méthode (1).

Dans ses projets, Scharnhorst avait prévu l'organisation de l'armée de campagne en corps d'armée, divisions et brigades suivant la méthode française; mais ce système ne fut jamais mis en pratique. Le fractionnement du corps d'armée en brigades non endivisionnées était de tradition dans l'armée prussienne; les généraux y étaient accoutumés, et le moment d'une entrée en campagne eût été mal choisi pour changer leurs habitudes. D'ailleurs, il eût été difficile de trouver en Prusse un nombre suffisant de chefs capables de commander à une division. La constitution de nouveaux états-majors eût rencontré également les plus grandes difficultés.

Groupées quatre par quatre, les brigades formèrent quatre corps d'armée, dont les généraux York, Bülow, Kleist et Tauenzien reçurent le commandement. Chacun de ces corps eut une réserve de cavalerie variant entre 24 et 28 escadrons et représentant une force moyenne de 3.500 sabres. Le tiers de cette réserve fut fourni par la landwehr, formant des régiments de cavalerie spéciaux.

Les corps de Tauenzien et de Bülow, affectés à l'ar-

---

(1) En raison de la grande dispersion des unités de landwehr, le temps manqua à la Prusse pour faire un amalgame régulier des régiments. Telle brigade compta 2 régiments de ligne et 1 de landwehr; telle autre en compta 2 de landwehr pour 1 de ligne, ce qui présentait, comme nous le verrons, de graves inconvénients au point de vue de l'emploi tactique des troupes.

mée du Nord, passèrent sous les ordres du prince royal de Suède. Bernadotte, qui avait appris l'art de la guerre sous Napoléon, était habitué à l'organisation par divisions qu'il essaya d'introduire parmi les troupes prussiennes. Il fractionna le corps de Tauenzien en trois divisions fortes chacune d'environ 10.000 hommes répartis en deux brigades, et entre lesquelles il partagea la réserve de cavalerie. L'ouverture des hostilités, et surtout la pénurie d'officiers, ne lui permirent pas de constituer les commandements, ni d'improviser les états-majors. Finalement, les divisions ne furent qu'une agglomération de régiments placés directement sous les ordres des divisionnaires. La première division seule compta deux brigades. Dans le corps de Bülow, Bernadotte se borna à décider que les brigades prendraient le nom de division.

Tandis que s'achevait l'organisation de l'armée prussienne, les généraux des puissances alliées se réunissaient à Trachenberg pour élaborer le plan de cette lutte gigantesque qui trouva son dénouement dans les plaines de Leipzig par l'écrasement de l'armée française.

X

LA TACTIQUE DES ARMÉES PRUSSIENNES

L' « Instruction sur les exercices de la landwehr à pied ». — Formation du bataillon. — Formation de combat. — Rôle et emploi des tirailleurs. — Les vieux officiers prussiens conservent la tactique de Frédéric le Grand. — Tactique de la cavalerie. — Combat à la Cosaque. — Opinion du général de Brack. — Les « hurah ! ». — La cavalerie en liaison avec l'infanterie. — Tactique de l'artillerie.

Pour faciliter l'instruction de la landwehr, on fit paraître en Prusse un nouveau règlement de manœuvres qui, sous le nom de « Instruction sur les exercices de la landwehr à pied » (1), n'était autre chose que le règlement en vigueur dans l'armée permanente, débarrassé de toutes les prescriptions rigides et formalistes si chères aux vieux officiers prussiens. « L'exercice du landwehrien — est-il dit dans l'introduction — doit être aussi simple que possible et se limiter à ce qui est nécessaire pour le combat; tout ce qui n'a trait qu'à la parade doit être écarté. »

Nous ne nous arrêterons pas sur les mouvements d'instruction individuelle, qui sont pour la plupart analogues à ceux que nos soldats français pratiquent aujourd'hui; coïncidence qui n'a rien de surprenant, puisque nos règlements dérivent tous de celui de 1831, qui découlait

---

(1) « Vorschrift zur Uebung der Landwehrmänner zu Fuss. »

lui-même de celui de 1791, lequel n'était que la copie du règlement prussien. Cette première partie de l'instruction s'effectua au fur et à mesure de l'incorporation des landwehriens, jusqu'au moment où les effectifs furent suffisants pour permettre des manœuvres par compagnie.

La compagnie prussienne est formée normalement sur trois rangs et se divise en deux pelotons d'égale force. Chaque peloton se décompose en « sections » de 4, 5 ou 6 files. Ces sections ne sont pas des fractions constituées ; ce ne sont que des groupes plus ou moins forts, des subdivisions momentanées qui, par un mouvement de conversion à droite ou à gauche, vont permettre de placer la compagnie par le flanc sur un front de 4, 5 ou 6 hommes, suivant la largeur de la route. C'est la formation normale de marche.

La compagnie se forme souvent en colonne de pelotons à distance entière, ce qui lui permet de marcher plus aisément qu'en ligne déployée. Dans la suite, les capitaines, pour faciliter les mouvements de leur troupe, prendront l'initiative de scinder leurs pelotons, afin d'en diminuer le front; ils deviendront ainsi les innovateurs de la colonne de compagnie.

En ce qui concerne l'exécution des *feux*, les landwehriens, faute d'instruction, renoncent aux méthodiques feux de file et de bataillon qu'exécutent les troupes de ligne. « Il n'y a plus de feux à commandement — dit le règlement. — Lorsque les armes doivent être chargées, le tambour en donne le signal; chacun charge alors son fusil et tire jusqu'au signal de cesser le feu... On doit tenir sévèrement la main à ce qu'aucun coup ne soit plus tiré après le signal de cesser le feu. »

Pour le combat, le bataillon prussien adopte la tactique qui a si bien réussi aux généraux de la Révolution française et dont on avait appris à connaître l'efficacité. Il s'avance en ordre serré, utilisant le terrain pour s'abriter des coups, et couvert sur son front par des tirailleurs. Ces tirailleurs, dirigés au moyen de sonneries, sont fournis par le troisième rang dont les hommes, particulièrement habiles dans le tir, sont exercés au combat en ordre dispersé.

« (1) Au commandement de : « Formez les pelotons avec le troisième rang ! », dans chaque compagnie, le troisième rang du 2° peloton vient se placer derrière celui du 1er. Le nouveau peloton ainsi formé est commandé par un officier auquel sont adjoints quatre sous-officiers et un clairon. Un capitaine commande les quatre pelotons du bataillon.

» Le combat particulier que conduit le troisième rang a pour but :

» 1° De protéger à distance suffisante les lignes en ordre serré ou les colonnes contre le feu de quelques tireurs ennemis ;

» 2° D'entretenir un feu plus efficace que celui que pourraient exécuter, en ordre serré, des hommes pressés les uns contre les autres et que la fumée de la poudre empêche de viser ;

» 3° De masquer une attaque en jetant au-devant de l'ennemi des essaims de troupes combattant en ordre dispersé, qui l'empêcheront de se rendre compte de nos mouvements ;

» 4° De battre en brèche l'ennemi si la nature du sol présente des obstacles à une attaque en ordre serré.

« ...Les tirailleurs ne doivent jamais, de prime abord, se disperser totalement. La dispersion ne doit se produire qu'autant que le but à atteindre l'exige. Il s'ensuit qu'une partie des tirailleurs doit toujours demeurer grou-

---

(1) Toute cette citation est extraite de « Vorschrift zur Uebung der Landwehrmänner zu Fuss ».

pée; cette fraction constituera un soutien sur lequel se replieront les tirailleurs, s'ils viennent à être refoulés par une force supérieure. La force du soutien dépend des circonstances et on ne peut la réglementer (sa distance de la ligne de feu est d'environ 60 pas).

» Le soutien doit être placé de façon à être protégé autant que possible par le terrain et demeurer toujours dans la main du chef, de manière que, en cas de besoin, les tirailleurs portés en avant puissent être renforcés par de petits détachements, ou être recueillis, s'ils viennent à être refoulés...

» Chaque tireur utilise les abris qu'offre le terrain, de façon à faire le plus de mal possible à l'ennemi, tout en se garantissant contre ses coups.

» En règle générale, on peut admettre que deux, et mieux encore trois hommes, doivent toujours se tenir à proximité l'un de l'autre, de façon à pouvoir se grouper et se mieux défendre contre quelques cavaliers (1). Il est essentiel qu'ils ménagent leurs feux et ne tirent jamais sans avoir bien visé, ce qui serait sans effet (2). »

Le bataillon ainsi formé pour le combat s'avance de position en position jusqu'au moment de l'assaut, qui est donné en colonne serrée par les quatre compagnies sur deux rangs. Dans la défensive, les tirailleurs forment une avant-ligne qui brise le premier élan de l'ennemi.

Lorsque le bataillon est en colonne de route, il se couvre, en avant, au moyen des tirailleurs de la compagnie de tête et, en arrière, au moyen de ceux de la compagnie de queue. Lorsqu'une rencontre avec l'ennemi est

---

(1) Ce groupement était encore réglementaire dans l'armée française en 1890.
(2) Comparez aux prescriptions de notre règlement français actuel.

particulièrement à prévoir, l'avant-garde ou l'arrière-garde, suivant la situation tactique, est renforcée ; le major y emploie alors une compagnie entière qui se couvre elle-même au moyen de son troisième rang, dirigé par un officier ou un sous-officier.

Enfin, le règlement prévoit le cas où le chef de bataillon, portant sa troupe à l'attaque, ne juge pas utile de déployer immédiatement les pelotons de tirailleurs; il lui prescrit alors de se couvrir au moyen d'éclaireurs de combat, dont il détermine nettement le rôle.

« Si l'infanterie doit marcher en terrain coupé ou dans de hautes herbes, qui l'empêchent de voir au loin devant elle, la division des troisièmes rangs marche par pelotons à quelques centaines de pas en avant du front du bataillon, en poussant devant elle une partie de ses tireurs, de façon à préserver le bataillon de toute attaque inopinée. Elle chasse devant elle les éclaireurs, les tirailleurs, les patrouilles, les postes de l'ennemi, sans que le bataillon soit obligé pour cela de s'arrêter.

» Si l'ennemi cède devant l'attaque, les troisièmes rangs le poursuivent vivement ; mais il faut encore, dans ce cas, conserver une fraction groupée, de façon à ce que les tirailleurs puissent se rallier à elle, si cela devient nécessaire. »

Ainsi, la tactique prussienne avait fait un grand pas dans la voie du progrès; mais si le formalisme et la rigidité des mouvements des troupes de Frédéric le Grand avaient fait place aux manœuvres rapides des armées françaises, un grand nombre d'officiers prussiens, et surtout ceux qui avaient été rappelés à l'activité pour servir dans la landwehr, n'avaient pu se résoudre à rompre avec les errements du passé; la veille de la bataille de Dennewitz, ils s'obstinaient encore à enseigner à leurs hommes les mouvements du demi-tour!

La tactique de la cavalerie, elle aussi, a été complètement modifiée depuis 1806. Les généraux prussiens ont remarqué le judicieux emploi que l'empereur Napoléon fait de sa cavalerie, soit pour couvrir ses mouvements, soit pour agir sur le champ de bataille. Ils ont suivi attentivement toutes les péripéties de la campagne de 1809; mais la tactique nouvelle des cavaliers cosaques durant la guerre de 1812 les a particulièrement frappés. La mode est aux Cosaques. On arme les cavaliers de la landwehr à la Cosaque; ils combattront comme les Cosaques. Cependant, en dehors de la mode, il y a une autre raison qui motive cette préférence, c'est qu'il est difficile d'improviser une cavalerie manœuvrière. Les escadrons de ligne pourront exécuter contre les Français des charges efficaces; mais les escadrons de landwehr, composés d'hommes et de chevaux insuffisamment dressés au service de guerre, commandés par des officiers qui, pour la plupart, n'ont jamais servi, seraient incapables d'exécuter en bon ordre des évolutions rapides. De même que les généraux de la Révolution française, les généraux prussiens pensent qu'il convient, par une habile réglementation, de tirer parti d'un état de choses qu'ils ne peuvent éviter, et ils adoptent pour la landwehr le combat en ordre dispersé des Cosaques.

Après s'être approchés de l'ennemi en utilisant les accidents du sol pour dissimuler leur marche, les escadrons de landwehr se lanceront à la charge, en ouvrant leurs rangs. Ainsi dispersés, les cavaliers pourront plus aisément manier leurs lances qui, entre leurs mains inexpérimentées, seraient devenues des armes plus dangereuses qu'utiles s'ils étaient demeurés groupés. Ils envelopperont les tirailleurs ennemis et s'efforceront de les séparer de leur soutien. En cas d'échec, ils se retireront rapidement en ordre dispersé vers un point de ralliement désigné avant la charge. Si la poursuite a lieu par le feu, leur dispersion les rendra moins vulnérables; si la cavalerie française leur donne la chasse, de deux choses l'une : ou elle demeurera groupée et sera impuissante, ou elle chargera elle-même en fourrageurs et risquera de se laisser entraîner dans une embuscade; dans tous les cas, les lanciers landwehriens demeureront libres de leurs mouvements pour se défendre.

Que vaut cette tactique? C'est à ceux qui eurent à en subir les effets, aux généraux français, qu'il convient de poser cette question. Le général de Brack va nous répondre avec toute l'autorité que lui donne sa longue expérience.

« Les lanciers serrés ne peuvent ni parer ni pointer. De deux choses l'une : ou ils jetteront leurs lances pour prendre leurs sabres, et, dans ce cas, vous (cavaliers armés du sabre) combattrez à chances égales ; ou ils voudront conserver leurs lances et alors vous aurez bon marché d'eux... »

C'est pourquoi le général ajoute : « La retraite des lanciers doit être divisée. »

Par sa manière de combattre parfaitement appropriée à son armement, la cavalerie de landwehr eût trouvé le moyen de se rendre utile ; mais, comme dans l'infanterie, les résultats que pouvait donner la mise en pratique d'un règlement judicieux furent le plus souvent paralysés par l'insuffisance du nombre et l'incapacité des officiers, plus encore que par le manque de dressage des chevaux.

A force de vivre avec les Russes, la cavalerie de ligne elle-même finit par prendre leurs habitudes. Déjà, en 1813, les cavaliers des deux nations se précipitent pendant la nuit au milieu des cantonnements ennemis mal gardés, et poussent de retentissants « hurrah ! ». Leurs cris facilitent leur ralliement dans l'obscurité ; ils réveillent les Français, qui ne sortent des maisons que pour tomber sous les lances et les sabres de leurs adversaires.

Ces attaques nocturnes sont tellement entrées dans les mœurs des Prussiens qu'ils les réglementent. « Lorsque l'ennemi est à proximité, il ne faut pas lui laisser un seul instant *et surtout une seule nuit de repos*... De faibles détachements doivent lui donner l'alarme en se glissant par des sentiers inconnus de lui ou réputés impraticables. » Un ennemi exténué est à moitié vaincu.

Agissant de concert avec l'infanterie, la cavalerie de ligne prussienne la garde pendant la marche; durant le combat, elle couvre ses ailes et profite de tout moment de trouble, de tout désordre se produisant dans le parti opposé pour le sabrer. Contre l'infanterie, elle charge en échelons par pelotons; contre la cavalerie, par escadrons entiers, car, — dit le règlement, — « les petites masses sont sans action et leurs flancs peuvent être facilement tournés ». Un certain nombre d'escadrons sont maintenus en arrière de la ligne de feu qu'ils traverseront, au moment favorable, pour se précipiter sur les jeunes soldats de Napoléon facilement impressionnables. « Il est nécessaire — ajoute le règlement — que cette cavalerie se maintienne à 300 ou 400 pas en arrière de l'infanterie, si le terrain ne lui permet pas de se rapprocher davantage sans s'exposer à des pertes. » En un mot, c'est la tactique de Napoléon, c'est notre tactique actuelle, que nous trouvons en vigueur dans l'armée prussienne.

L'artillerie avait en partie renouvelé son matériel; mais l'état précaire des finances n'avait pas permis d'augmenter cette arme en quantité suffisante pour la faire entrer en proportion convenable dans la composition des brigades. Toutes les vieilles pièces en fer avaient été extraites des arsenaux; on leur avait donné des attelages de réquisition et la diversité de leurs calibres compliquait singulièrement le réapprovisionnement en munitions. Sur le champ de bataille, les généraux prussiens essayèrent de grouper leurs batteries pour répondre aux feux des masses d'artillerie avec lesquelles Napoléon foudroyait leurs troupes; mais les Alliés ne durent le succès qu'à la supériorité numérique écrasante de leur infanterie. Dans les marches à proximité de l'ennemi, les batteries se tenaient généralement en tête du gros de la colonne afin d'être en mesure d'ouvrir le feu dès le début de l'action.

XI

**LA LANDWEHR SUR LES CHAMPS DE BATAILLE
DE L'ALLEMAGNE**

Place de la landwehr dans l'ordre de marche. — Paniques. — Place de la landwehr dans l'ordre de bataille. — Combat de Hagelsberg. — Combat de Goldberg. — La landwehr à l'armée de Bohême. — La landwehr devant Leipzig.

Jusqu'ici, nous avons suivi dans leur développement progressif les différentes phases de l'accroissement des forces militaires de la Prusse. Nous avons vu mobiliser l'armée permanente, organiser la landwehr; nous avons dit quel esprit animait ces soldats, quelle instruction ils avaient reçue, avec quelles armes, suivant quelle tactique ils allaient combattre, et nous avons déjà pu nous former une opinion sur leur valeur. Mais si c'est à l'œuvre qu'on connaît l'artisan, ce n'est qu'au feu qu'on doit juger le soldat. Suivons donc les troupes prussiennes jusque sur le champ de bataille.

En entrant en campagne, les généraux prussiens se demandèrent comment ils devaient disposer de la landwehr pour en tirer le meilleur parti possible. Cette milice avait peu ou point d'instruction, ses cadres étaient insuffisants à la fois en valeur et en nombre, et l'esprit dont elle était animée était loin de pouvoir compenser ces deux causes d'infériorité.

Si l'on considère les ordres de marche des différents corps de l'armée prussienne, on est frappé de ce fait qu'ils peuvent presque tous se ramener à un type unique : à l'avant-garde, se tient un détachement de cavalerie, suivi par un nombre plus ou moins fort de bataillons de ligne ou de réserve, troupes solides. Au gros, les régiments de landwehr alternent avec ceux de la ligne; ainsi encadrés, ils seront un peu moins sujets aux paniques, si fréquentes et si désastreuses pour les jeunes troupes. Quant à la cavalerie de landwehr, les généraux s'en méfient; ils semblent même en être embarrassés; tantôt ils la placent en tête, tantôt ils la relèguent en queue du gros de la colonne, sans tenir compte de la fatigue inutilement imposée aux chevaux et aux cavaliers par une marche effectuée de concert avec l'infanterie. Ils craignent de lancer en avant ces escadrons qui ont des montures lourdes et qui sont mal commandés.

Toutes ces dispositions, inspirées par la crainte des paniques, sont souvent insuffisantes pour les éviter. C'est ainsi que, durant la marche de nuit, du 26 au 27 août, exécutée par la division Borstell, du corps de Bülow (armée du Nord), quelques landwehriens prirent pour l'ennemi une patrouille de flanc-garde; ils déchargèrent leurs fusils au hasard; tous les bataillons de landwehr suivirent cet exemple et ouvrirent le feu contre un ennemi imaginaire; ils se mirent dans le plus grand désordre, et, finalement, se débandèrent en jetant leurs armes. « Nous n'avons d'autre but en rapportant cet incident — ajoute l'auteur prussien (1) auquel nous empruntons ce détail — que de montrer que *même les meilleurs landwehriens n'étaient nullement capables de rendre des services dans toutes les circonstances et surtout dans les moments critiques.* » Voilà un premier jugement fort impartial. Nous pourrions citer bien d'autres exemples de paniques qui se produisirent, soit

---

(1) Bräuner : « Geschichte der preussischen Landwehr ».

en marche, soit en station; mais cela nous entraînerait trop loin.

On conçoit aisément que, dans le combat, les généraux ne pouvaient avoir grande confiance en de pareils soldats; aussi, le plus souvent, les conservaient-ils en seconde ligne, laissant aux troupes permanentes le soin d'entamer l'action. Lorsque, suivant les péripéties de la lutte, les régiments de landwehr étaient poussés sur la ligne de feu, leurs bataillons, et souvent même leurs hommes, se mélangeaient avec ceux de l'armée permanente, dont l'exemple les entraînait.

Dans les brigades dans lesquelles la proportion de landwehr était trop grande, force était de porter immédiatement en première ligne un certain nombre de bataillons de cette milice. Les généraux disloquaient alors les régiments pour faire alterner les bataillons de l'armée active et de la landwehr. Si ce dispositif permettait de tirer le meilleur parti possible des formations nouvelles, il offrait, par contre, le grave inconvénient de rompre l'action du commandement au moment même où elle était le plus utile.

Tel était l'ordre de bataille généralement adopté par les Prussiens; toutes les fois qu'ils tentèrent de s'en écarter, ils coururent à des échecs. Nous nous bornerons à signaler deux exemples caractéristiques.

Au combat de Hagelsberg (armée du Nord), le 27 août 1813, les Prussiens mirent en ligne 11.000 hommes, dont 7.500 de landwehr. Le général von Hirschfeld, qui commandait, avait résolu de couper de Wittemberg la division française du général Girard établie au sud de Belzig, l'aile droite appuyée à Hagelsberg, la gauche à Lübnitz. En conséquence, il avait donné les ordres suivants :

Avant garde. — 3 bataillons du 1er régiment d'infanterie de réserve. (Ils formeront le centre de la ligne de bataille.)

Gros de la colonne. — 3 régiments de cavalerie de landwehr (11 escadrons) sous les ordres du colonel de Bismarck.

10 pièces de canon russes.

3 bataillons de landwehr, sous les ordres du général Boguslawski. (Ils formeront l'aile gauche.)

Le 4⁰ bataillon du régiment de réserve, le 6⁰ régiment de landwehr brandebourgeoise, un bataillon du 7⁰ de landwehr (total : 6 bataillons), sous les ordres du général von Putlitz. (Ils formeront l'aile droite.)

3 bataillons de landwehr, sous les ordres du major von der Marwitz. (Ils formeront la réserve générale.)

Attaque de flanc. — 3 bataillons de landwehr, 1 canon, sous les ordres du lieutenant-colonel von Reusse. Mission : agir du côté de Steindorf, sur le flanc droit et les derrières des Français, en s'efforçant de les couper de Wittemberg.

Aussitôt que l'avant-garde fût arrêtée par les Français, la cavalerie se porta à sa hauteur. Le colonel de Bismarck voulut former sa brigade en masse sur trois échelons forts d'un régiment chacun. La landwehr, presque sans instruction et mal commandée, ne comprit pas l'ordre qui lui était donné; les 11 escadrons se formèrent sur une seule ligne, et, sans savoir pourquoi, s'élancèrent dans une charge folle vers le village de Lübnitz; reçue par un feu violent, cette immense ligne tourbillonna, se mit en désordre et prit la fuite.

Cependant l'artillerie avait ouvert le feu et, sous sa protection, le gros de la colonne se déployait dans l'ordre prescrit, à gauche et à droite de l'avant-garde. Le régiment de réserve se trouvant au centre de la ligne de bataille, les deux ailes, composées de landwehr, étaient livrées à leurs propres forces.

Le général Boguslawski avait pris soin de mettre en première ligne le bataillon Bornstädt déjà éprouvé au feu et sur lequel il croyait pouvoir compter. Le major Bornstädt porta son bataillon à l'attaque; mais, comme il n'avait qu'une médiocre confiance dans l'efficacité du feu de ses landwehriens, il fit croiser la baïonnette et s'élança de sa personne en avant pour les entraîner à l'assaut. A ce moment, les pièces françaises tirèrent à mitraille; les landwehriens s'arrêtèrent net, et, sans en avoir reçu l'ordre, commencèrent à tirailler. En quelques minutes, 4 officiers et 100 hommes tombèrent, les autres firent demi-tour et s'enfuirent à toutes jambes. Si le général Boguslawski eût eu sous la main un bataillon solide, il eût pu peut-être sauver sa situation compromise; mais que faire avec des troupes sans instruction? Les deux bataillons de deuxième ligne suivirent précipitamment la retraite, tandis que les Français prenaient l'offensive. L'apparition des Cosaques de Tschernitschef, marchant au canon, vint fort à propos rétablir le combat en faveur des Prussiens.

Tandis que ces événements se passaient à l'aile gauche, le général von Putlitz s'avançait, à la droite, après avoir formé ses troupes en trois échelons forts de deux bataillons. Le bataillon du régiment de réserve qui lui était attaché faisait partie du troisième échelon. Ce dispositif se dirigeait sur Lübnitz lorsqu'il fut brusquement assailli sur son flanc droit par le feu des tirailleurs français embusqués dans un terrain mamelonné et couvert de broussailles. Les deux bataillons de tête firent face à l'attaque en exécutant une conversion et leurs chefs voulurent les pousser en avant; mais les landwehriens se débandèrent. C'est en vain que le général von Putlitz essaya de rallier les fuyards; leur désordre était tel que son cheval fût renversé.

Bien d'autres défaillances se produisirent encore durant le combat; mais, comme les Prussiens avaient une supériorité numérique écrasante, ils finirent par l'emporter au prix des plus grands sacrifices : 39 officiers et 1.642 hommes restèrent sur le champ de bataille ; 662 landwehriens avaient profité du tumulte pour déserter ou mettre bas les armes.

Le deuxième exemple est encore plus caractéristique ; nous l'empruntons à l'armée de Silésie.

A l'approche de Napoléon, Blücher battait en retraite, fidèle au principe de refuser le combat partout où l'Empereur commanderait en personne. Il venait de franchir la Katzbach, et avait formé le projet d'arrêter son arrière-garde à hauteur de Goldberg, pour y attendre l'attaque des Français et connaître ainsi leurs intentions. Le 23 août, la brigade du prince Charles de Mecklembourg formait l'aile droite de la position sur le plateau de Niederau. Cette brigade était forte d'un régiment de hussards, de deux régiments de ligne et un de landwehr ; soit, en tout, 7.540 hommes, dont 2.206 landwehriens.

Le prince disloqua son régiment de landwehr et prescrivit que les bataillons en seraient placés sur la ligne de bataille, de façon à être encadrés par ceux de l'armée permanente. Soit que cet ordre ait été mal compris, soit que l'attaque eût été plus prompte qu'on ne s'y attendait, le régiment de landwehr fut tout entier groupé au centre des bataillons de ligne. Les Français ayant subitement démasqué une batterie de 20 pièces, les bataillons des ailes, pour s'abriter contre le feu, reculèrent afin d'utiliser une coupure de terrain qui se trouvait un peu en arrière d'eux. La landwehr, effrayée par les boulets qui s'abattaient sur elle, impressionnée par le mouvement de recul qui venait de se produire, se débanda totalement lorsque son colonel voulût la faire rétrograder. Ralliée en partie et reportée en avant, elle se mit de nouveau en désordre et fut sabrée par un régiment de cavalerie française. Les Prussiens perdirent, de ce côté, 1.775 hommes; le régiment de landwehr fut réduit à la moitié de son effectif (1). « Le mouvement de recul effectué avec des troupes si jeunes, à peine organisées et manquant de calme, était une manœuvre malheureuse. Les landwehriens avaient vu exécuter ce mouvement par les bataillons de ligne, troupes éprouvées; mais ils n'avaient pu se rendre compte du motif qui le déterminait et ils avaient cru que tout était perdu. *Jamais on ne doit faire tourner le dos à l'ennemi à un jeune soldat, ne fût-ce que pour un instant, si l'on ne veut pas s'exposer à le voir s'échapper des mains de ses chefs et ne plus revenir face en avant.* Il vaut certainement mieux perdre quelques hommes de plus que de s'exposer à perdre tout un bataillon (2). »

Jusqu'ici, nous n'avons considéré la landwehr qu'au seul point de vue de son emploi sur le champ de bataille; recherchons maintenant, abstraction faite de toute considération tactique, quel fût l'esprit de cette milice et comment elle se comporta au feu.

Les premières marches de concentration permirent à la landwehr de poursuivre son instruction encore bien incomplète, d'opérer la sélection entre les hommes robustes et les malingres; enfin, la désertion acheva de l'épurer en éloignant d'elle tous les lâches, dont le mauvais esprit eût pu être d'un funeste exemple. On peut donc dire que la landwehr se présenta sur le champ de bataille avec ses meilleurs éléments.

La landwehr de l'armée du Nord reçut le baptême du feu à la bataille de Gross-Beeren, le 23 août. Bülow,

---

(1) Le régiment de landwehr comptait 1.600 hommes au début de l'action.

(2) Bräuner : « Geschichte der preussischen Landwehr ».

pour couvrir Berlin menacé par le général Oudinot, se porta à l'attaque des Français avec 31.000 hommes, dont 8.200 landwehriens. Les bataillons de landwehr, fortement encadrés par ceux de la ligne, firent bonne contenance et utilisèrent souvent la baïonnette; mais la lenteur de leurs mouvements, l'inhabileté des hommes à se servir de leurs armes et à tirer profit des accidents du sol furent les principales causes des pertes qu'ils éprouvèrent. A lui seul, un bataillon du 1er régiment d'infanterie de landwehr de la Nouvelle-Marche de Brandebourg perdit 200 hommes, soit le tiers de son effectif. Les pertes totales s'élevèrent à 1.000 tués, dont 500 de la landwehr, bien qu'elle ne constituât que le quart de l'effectif engagé. Ces chiffres sont éloquents et prouvent que, si des troupes improvisées peuvent parfois contribuer à une victoire, ce n'est qu'au prix de sacrifices exagérés.

Le corps de Tauenzien s'engagea à son tour à Hagelsberg, le 27 août. Ce que nous avons dit de ce combat ne saurait nous donner une bien haute idée de la valeur des landwehriens du 4e corps.

A Dennewitz, le 6 septembre, la victoire favorisa encore les Alliés. Dans cette bataille, les Prussiens engagèrent 40.000 hommes, dont 16.000 landwehriens; ces derniers, comprimés entre les troupes de ligne, se maintinrent au feu en dépit de quelques défaillances. Le corps de Tauenzien perdit 3.000 hommes et 100 officiers; celui de Bülow laissa 5.989 hommes et 204 officiers sur le champ de bataille. Nous avons pu relever pour le 3e corps le détail des pertes affectant la landwehr; il mérite d'être considéré.

			TUÉS.		BLESSÉS.		DISPARUS.
			Officiers.	Soldats.	Officiers.	Soldats.	
Infanterie.	{	3ᵉ régiment de landwehr de la Prusse Orientale.......	4	79	17	215	169
		2ᵉ régiment de landwehr de la Marche Electorale.....	1	23	6	120	6
		1ᵉʳ régiment de landwehr de la Nouvelle Marche......	2	73	32	374	104
Cavalerie.	{	2ᵉ régiment de landwehr de la Marche Electorale.....	1	1	»	6	1
		4ᵉ régiment de landwehr de la Marche Electorale.....	»	9	»	8	27
		Total............	8	185	55	723	307

On peut constater que la mortalité par le feu a sensiblement diminué dans la landwehr, cette troupe possède maintenant une expérience chèrement acquise; mais, si son dressage est suffisant, son éducation est loin d'être complète. Ce n'est pas tout de savoir se battre, il faut encore que le soldat possède au plus haut point ce que l'on est convenu d'appeler « l'esprit militaire », c'est-à-dire cette force morale qui lui permet de dompter ses instincts naturels, qui le rend discipliné et soumis à ses chefs, qui le soutient au milieu des fatigues; cet esprit qui lui montre la famille partout où flotte le drapeau et le retient dans le rang malgré les dangers, alors que tout l'attire vers sa province, vers ses foyers. A Dennewitz, la landwehr était déjà lasse des fatigues de la guerre; elle avait la nostalgie du village, et, profitant du tumulte du combat, ses hommes désertaient en présence de l'ennemi.

La désertion ne ménageait pas davantage l'armée de

Silésie. Nous nous bornerons à rappeler le combat du 23 août, livré autour de Goldberg, et durant lequel 500 landwehriens disparurent. Lorsque Blücher eut acquis la certitude que Napoléon s'était personnellement retiré sur Dresde, il reprit son mouvement offensif vers la Katzbach. La pluie tombait en abondance, les routes étaient détrempées, les rivières grossies; les marches étaient pénibles et les nuits passées au bivouac plus pénibles encore. Afin de mieux pouvoir surveiller la landwehr, dans laquelle la désertion produisait chaque jour de terribles ravages, et pour empêcher les traînards de demeurer en arrière, les généraux prussiens prirent l'habitude de la placer aux avant-gardes; malgré cette précaution, les rangs de la milice s'éclaircissaient d'heure en heure.

Lorsque, le 26 août, les Prussiens se heurtèrent aux Français, le temps était obscur, une pluie violente fouettait les hommes au visage et inondait les bassinets de leurs armes. Surpris par le feu de l'ennemi, les landwehriens, n'écoutant plus la voix de leurs chefs qui les poussaient en avant, veulent riposter; mais leur poudre mouillée demeure silencieuse. Ils hésitent, déjà ils se débandent lorsque les bataillons de ligne arrivent derrière eux et menacent de les exterminer s'ils reculent. La crainte les cloue au sol. Enfin, la nuit étend son voile sur le champ de bataille et rend toute surveillance impossible; alors ces hommes, qu'aucun sentiment ne retient plus, désertent en masse. Deux bataillons ont perdu presque tous leurs officiers; ils pillent des tonneaux d'eau-de-vie, s'enivrent, se débandent et disparaissent totalement. Quelques soldats seulement demeurèrent dans l'ordre, c'était tout ce qui restait du 6ᵉ régiment de landwehr silésienne (1)!

---

(1) Ces hommes furent répartis entre les bataillons du 2ᵉ régiment de landwehr de la Prusse Orientale.

Le 28, dès le point du jour, Blücher continua la poursuite. Marchant péniblement dans la boue, les soldats prussiens devaient sans cesse passer à gué des ruisseaux grossis par la pluie. Ce surcroît de fatigues accéléra la désertion. Le 29, le général Horn, commandant la 7e brigade, écrivait au général York : « Deux chefs de bataillon de landwehr m'ont averti, durant la marche, que leurs unités ne comptaient pas plus de 100 hommes chacune, et que ces hommes étaient affamés et si exténués qu'ils ne pouvaient plus marcher. Je me suis vu obligé de laisser ces deux bataillons en arrière avec ordre d'attendre et de rassembler les quelques landwehriens qui traîneraient encore, et de rejoindre ensuite avec eux. Tous les bataillons de landwehr sont extraordinairement faibles, et je crois qu'à cause du manque de nourriture, *une grande partie de l'effectif a regagné ses foyers* (1). »

Dans la 3e brigade, les landwehriens qui avaient, pour la plupart, laissé leurs bottes dans les boues de la Katzbach, désertaient d'heure en heure. Quant à la 2e brigade, elle était tellement affaiblie par la désertion qu'elle dut s'arrêter à Goldberg pour y être réorganisée.

York, à son tour, écrivit à Blücher pour lui dépeindre la situation :

« C'est avec regret que j'ai l'honneur d'avertir Votre Excellence qu'en raison des circonstances atmosphériques particulièrement défavorables qui ont sévi ces jours derniers, et aussi à cause de l'insuffisance de son habillement, la landwehr, et, notamment les bataillons du prince Charles de Mocklembourg (2), a commencé à se débander. En partie à cause des privations, en partie à

---

(1) Rapport daté d'Hainau, 29 août, 4 heures du matin.
(2) Remarquez que cette brigade comptait deux régiments de landwehr de la Prusse Orientale qui passait à juste titre pour la meilleure.

cause de leur mauvais vouloir, les landwehriens restent par centaines en arrière. Attendu que les mesures d'ordre sont insuffisantes sur les derrières des colonnes, ces hommes se répandent dans les campagnes ou rentrent simplement chez eux. »

Le 31 août, c'est-à-dire quatorze jours après la reprise des hostilités, la landwehr du 1er corps avait perdu 7.092 hommes, soit la moitié de son effectif.

Du côté de la Bohême, le même spectacle s'offre à nos yeux. Dans l'armée du feldmarschall Schwartzenberg se trouvaient deux corps prussiens : la garde, ne comprenant que des troupes permanentes, et le corps du général Kleist, à l'effectif de 40.790 hommes, dont 13.120 de landwehr.

Fortement encadrés par les troupes de ligne, les landwehriens se firent inutilement décimer devant Dresde à l'attaque des murs du Gross-Garten, le 26 août. Le lendemain, les Prussiens suivirent le mouvement général de retraite vers la Bohême. Il pleuvait, le sol était détrempé ; la grande accumulation des troupes obligeait les soldats à passer la nuit au bivouac ; c'était plus qu'il n'en fallait pour achever de démoraliser la landwehr. Dans la seule nuit du 27, le 10e régiment de landwehr silésienne perdit la majeure partie de son effectif et se trouva réduit à la force d'un unique bataillon. Les homs'étaient écartés sous prétexte de chercher un abri contre la pluie et n'avaient plus reparu.

Trois jours après, on sait à la suite de quels événements, le corps de Kleist se heurta près de Kulm au corps du général Vandamme écrasé à Töplitz. L'attaque des Français fut si prompte et si énergique que l'aile gauche prussienne fut enfoncée. Le prince Auguste de Prusse porta aussitôt sa brigade de ce côté. Ce qui restait de la landwehr du 10e régiment marchait en tête de ce renfort. Les officiers lancèrent les troisièmes rangs en avant en tirailleurs; mais les hommes des deux premiers rangs, perdant la tête, ouvrirent le feu dans le dos de leurs camarades; finalement tous se débandèrent. Leur fuite précipitée porta le désordre dans le 2ᵉ régiment d'infanterie de Silésie envoyé à leur secours. Après cette échauffourée, le corps de Kleist arriva en Bohême. Parti avec 16 bataillons de landwehr, il n'en ramenait plus que 7; sur 16 escadrons, 8 restaient encore. En quelques jours, 6.250 landwehriens avaient disparu. On dut fondre les régiments deux par deux pour en obtenir un de faible effectif. Quant au général Kleist, il se refusait à conduire de nouveau au feu de pareilles troupes : « Sire — disait-il au roi — la landwehr s'est battue d'une façon si indigne, que je considère comme un devoir pour moi de demander son licenciement. » La période du 25 au 30 août avait été partout funeste à la landwehr.

Durant les journées des 16, 17, 18 et 19 octobre, nous trouvons les armées alliées réunies dans les plaines de Leipzig où se décide le sort de la campagne. Pendant tout le mois de septembre, le feu, la maladie et surtout la désertion, n'avaient cessé de poursuivre leurs ravages dans les rangs de la landwehr. Le 1ᵉʳ corps avait perdu 10.000 landwehriens et n'avait pu en amener que 2.566 sur le champ de bataille; le 2ᵉ corps, qui en comptait 11.000 au début des hostilités, en avait tout au plus 4.000 sur les rangs. Nous n'avons pu relever l'effectif de la landwehr dans les 3ᵉ et 4ᵉ corps; il est probable qu'il ne dépassait pas, au total, 6.000 ou 7.000 hommes. Si les landwehriens étaient peu nombreux, par contre ils avaient gagné en valeur, et ils semblent s'être battus assez bravement à Leipzig.

Lorsque les derniers débris de l'armée française eurent disparu dans la direction de Hanau, les landwehriens purent se compter : y compris tous les détachements laissés à la garde des lignes de communication, ils n'étaient plus que 36.000 ; 29.000 avaient disparu, et, sur ce nombre, un cinquième seulement avait été tué ; tout le reste peuplait les hôpitaux ou avait déserté ; 55.000 environ étaient employés aux blocus des places.

Les pertes des Alliés avaient été tellement accablantes qu'ils ne purent entamer la poursuite : ils s'arrêtèrent pour se réorganiser. Les Prussiens fondirent les uns dans les autres leur régiments de ligne pour former des régiments de marche à 3 bataillons ; la même opération se fit pour la landwehr. Après cette réorganisation, les bataillons comptaient au maximum 450 hommes et les escadrons 70 chevaux.

La guerre de Délivrance était terminée, elle faisait place à la guerre d'invasion.

XII

**LA LANDWEHR DANS LES PROVINCES CONQUISES
SON SORT DURANT LES CAMPAGNES DE 1814 ET DE 1815**

Formations entreprises après le passage de l'Elbe. — Les 5ᵉ et 6ᵉ gouvernements militaires. — Manque de patriotisme. — Invasion de la France. — La désertion. — Episode d'indiscipline. — La landwehr pendant la paix. — La landwehr en 1815.

Conformément à la convention de Kalisch, toutes les provinces ayant appartenu à la Prusse avant 1807 devaient lui être rendues aussitôt qu'elles auraient été occupées par les troupes alliées. Après le premier passage de l'Elbe, dès le 9 avril, Frédéric-Guillaume s'était empressé de créer un 5ᵉ gouvernement militaire comprenant les provinces de la rive gauche du fleuve; mais le retour subit de Napoléon à la tête d'une armée nouvelle, avait obligé Russes et Prussiens à évacuer ces territoires. Ce ne fut qu'après Leipzig que les Alliés purent reprendre leurs projets; les pays reconquis furent alors partagés en deux gouvernements : le 5ᵉ, entre Elbe et Weser, y compris la Saxe; le 6ᵉ, entre la Weser et le Rhin (1).

Les populations s'étaient empressées d'apporter de l'argent pour subvenir aux besoins des armées victorieuses, des dons en nature pour réconforter les malades et les blessés. Mais, le premier enthousiasme calmé, lorsqu'elles avaient vu qu'on leur demandait encore de l'or,

---

(1) Ordre de cabinet du 19 novembre 1813.

des hommes et des chevaux; lorsqu'elles s'étaient senties écrasées par des réquisitions nouvelles, elles avaient pensé que ce n'était point la peine d'avoir changé de maîtres.

« L'enthousiasme que nous avons d'abord constaté en toutes circonstances, est bien tombé », écrivait au roi le général Ebra, placé à la tête du 5ᵉ gouvernement militaire (1). Et, de fait, ce territoire envahi tour à tour par les Français et les Alliés, avait supporté de lourdes charges; aussi, la landwehr n'y fût-elle organisée que vers le milieu de mars 1814 (2).

Ces troupes, désignées sous le nom de *landwehr de l'Elbe* (3), comprenaient trois régiments d'infanterie à 4 bataillons de 800 hommes et un régiment de cavalerie de 600 chevaux. Le corps d'officiers se composait en majeure partie d'anciens officiers de l'armée westphalienne. Il y a lieu de signaler en outre la formation, dans le comté de Mansfeld, d'un bataillon de pionniers (4) organisé et commandé par un ingénieur des mines. Ce bataillon fut recruté parmi les ouvriers des usines et des salines de la région; des ingénieurs en formèrent les cadres; la caisse des mines en paya les frais.

Une « *ligue des patriotes* » s'était constituée dans le but de trouver les subsides nécessaires à la création d'un régiment national de cavalerie; mais ses fondateurs avaient trop présumé du patriotisme de leurs conci-

---

(1) Ce rapport est daté de la fin de décembre.
(2) Afin d'accélérer la levée des troupes, le roi avait maintenu l'organisation administrative westphalienne en 3 départements, à chacun desquels il avait adjoint un *commissaire royal*.
(3) La « Landwehr de l'Elbe » passa au 4ᵉ corps d'armée et fut employée au blocus de Magdebourg.
(4) C'est le seul bataillon du génie dont nous ayons pu relever l'existence dans la landwehr qui ne devait comprendre, en principe, aucune troupe de cette arme. Il est désigné dans les documents officiels sous le nom de : « Mansfeldisches - Landwehr-Pionnier - Bataillon ».

toyens, et ils ne seraient jamais venus à bout de leur tâche sans le concours de la province. qui prit le régiment à sa charge comme une troupe de landwehr (1).

Au total, le 5e gouvernement fournit à la Prusse un contingent de 32.000 hommes.

Le 6e gouvernement militaire commença à entrer en action aussitôt que les Français eurent été rejetés sur le Rhin. Il comprenait surtout la Westphalie et avait à sa tête le général-major von Heister. Cinq commissions générales y furent instituées.

Les formations furent très lentes, elles se heurtèrent partout au mauvais vouloir des populations qui, délivrées du joug des Français, se souciaient fort peu de retomber sous celui des Prussiens. Les habitants s'enfuyaient en masse; pris de force et incorporés, ils s'empressaient de déserter. Les pays de Münster, Lingen, Essen, se firent particulièrement remarquer par le grand nombre de leurs réfractaires. Les états d'effectif du 1er régiment, formé surtout avec le contingent d'Essen, signalent, entre le 1er janvier et le 1er mars, plus de 336 désertions. Tel village du cercle de Lingen, qui devait fournir 139 hommes, ne put en lever que 13, et 12 désertèrent aussitôt. Le 4e régiment compta 100 désertions dans les cinq premiers jours de sa formation, et cette fuite continua dans des proportions encore plus forte. Lorsque, vers le milieu de juin, ce régiment se mit en marche sur la Wesel, il perdit encore par désertion 17 sous-officiers et 657 soldats. Ce fut pis encore dans la principauté de Paderborn où se formait le 5e régiment. Il se produisit des émeutes, qui nécessitèrent l'intervention de la gendarmerie. A Paderborn, on comptait sur

---

(1) C'est ce qui explique pourquoi ce régiment, fort de 750 sabres et connu sous le nom de « Elb-National-Husaren-Regiment » figure parmi la landwehr sur les documents officiels. A la paix, il fut maintenu comme régiment de ligne.

1.766 landwehriens, on n'en put lever que 829, parmi lesquels 73 désertèrent. A Hoxter, au lieu de 1.540 hommes, on n'en rassembla que 648. Sur 1.300 anciens soldats désignés pour servir dans la landwehr, malgré les recherches effectuées par la gendarmerie, on ne put réunir, à la fin de décembre, que 403 hommes, dont 52 désertèrent aussitôt. Ces chiffres se passent de commentaire.

Comme il était impossible de réaliser l'effectif prescrit, dans chaque régiment on dut supprimer le quatrième bataillon pour le fondre dans les trois premiers. Mais ce n'était pas tout de réunir les hommes, il fallait encore les habiller, les équiper, les armer; toutes choses que rendit fort difficiles le mauvais vouloir des commissions de cercles.

De gré ou de force, le 6ᵉ gouvernement fournit à la Prusse environ 22.000 hommes.

La formation de la landwehr dans les pays reconquis commençait à peine lorsque les Alliés marchèrent vers le Rhin pour envahir la France.

En quittant Leipzig, le général York avait dans son corps d'armée 18 bataillons et 14 escadrons de landwehr; le 31 janvier, il ne lui restait plus que 12 bataillons d'une faiblesse extrême et cependant il n'avait encore livré aucun combat sérieux. C'était à regret que les landwehriens s'éloignaient de leurs foyers; ils avaient été enrôlés pour délivrer la Prusse du joug étranger et non pour poursuivre une guerre de conquêtes; ils considéraient leur tâche comme accomplie et recommençaient à déserter.

Le général Kleist n'emmena que 400 cavaliers de landwehr; son infanterie était dans un tel état d'indiscipline qu'il n'avait pas cru devoir s'en embarrasser plus longtemps, sachant parfaitement qu'en France, les derrières des armées ne seraient plus sûrs et que les traînards seraient des prises faciles pour les paysans français. Il laissa ses bataillons devant Erfurt, où ils attendirent l'arrivée de la landwehr de Poméranie, rendue disponible par la chute de Stettin (1).

Lorsque Bülow conduisit son corps de Hollande en France, il eût soin, lui aussi, de laisser la landwehr en arrière à la garde des places conquises. Il ne conserva auprès de lui que deux bataillons et huit escadrons (2) de cette milice.

Nous ne suivrons pas ces quelques bataillons de landwehr durant leurs marches à travers la France où ils achevèrent de se fondre. Lorsque, le 16 février, Blücher rallia à Châlons les débris de ses corps échappés aux désastres de Vauchamps, de Champaubert et de Montmirail, leurs pertes étaient telles qu'il dut fusionner les unités les unes dans les autres pour relever les effectifs. La landwehr avait été fort éprouvée, ses régiments étaient réduits à de faibles bataillons qui furent groupés en régiments de marche. La même opération s'effectua dans la cavalerie. Finalement, la landwehr de l'ancienne armée de Silésie ne comptait plus que 3.000 fantassins et 350 cavaliers.

Si les landwehriens ne désertaient plus en aussi forte

---

(1) Le général Jagow prit le commandement de ces forces de landwehr qu'il fut chargé de ramener au 2ᵉ corps. Il se trouvait à la tête de 11 bataillons et 2 escadrons, soit 5.869 hommes et 189 chevaux. En pénétrant en France, il passa momentanément sous les ordres du général de Saint-Priest, commandant un corps russe fort de 3 régiments d'infanterie et un régiment de cavalerie. Le 12 mars, Saint-Priest surprit Reims, mais il eut le tort de trop se fier à la landewhr, qu'il poussa en reconnaissance dans diverses directions ; surpris à son tour, il fut écrasé. Le général Jagow ne put amener au 2ᵉ corps que quelques cavaliers et 8 bataillons d'une faiblesse extrême, soit en tout 2.386 hommes ; 1.333 avaient été perdus à Reims, 1.970 avaient déserté.

(2) Nous n'avons pu relever la situation exacte de la landwehr dans le corps de Tauenzien.

proportion qu'au début de cette nouvelle campagne, c'est qu'ils étaient loin de l'Allemagne et qu'il était encore moins dangereux pour eux de demeurer dans le rang que de s'exposer isolément à l'agression des patriotiques populations françaises. Quant à leur discipline, un fait suffira à en donner une idée.

Le 4 février eût lieu, autour de Châlons, un important combat. L'avant-garde du 1er corps venait d'enlever le faubourg, et l'artillerie canonnait la ville. Les 6e et 14e régiments de landwehr silésienne, ayant découvert de vastes caves à champagne, y disparurent totalement; « là, grâce au pétillant don de Bacchus, maint landwehrien puisa dans une douce ivresse l'oubli des privations endurées. De nombreux soldats vinrent tomber ivres-morts au milieu du champ de bataille; beaucoup, une bouteille de champagne à la main, se firent tuer devant les brèches faites aux murs de la ville (1). »

A la bataille de Paris, ne prirent part que les 1er et 2e corps d'armée qui ne comptaient que 5.000 landweh.riens (2). Défalcation faite des pertes subies devant Pantin, *4.000 landwehriens, tout au plus, parurent devant la capitale*, et, cependant, la landwehr comptait 120.000 hommes au moment de la rupture de l'armistice de Pleiswitz. On peut donc dire que la Prusse fût sauvée surtout par ses alliés et par son armée permanente; si sa landwehr lui rendit quelques services, ce ne fut qu'au prix de sacrifices exagérés.

Après le traité de Paris, le roi Frédéric-Guillaume ordonna que la landwehr serait disloquée dans ses pro-

---

(1) « In der schäumenden Bachusgabe trank sich hier mancher Landwehrmann in seliges Vergessen der erlittenen Drangsale. Viele Soldaten entschlummerten mitten auf dem Kampfplatz; mehrere fanden, die Champagnerflache in der Hand, ihren Tod dicht vor den Scharten der Stadtmauer. » « Geschichte der preussischen Landwehr ». Von Bräuner.

(2) Y compris le renfort amené par le général Jagow.

vinces respectives ; les régiments devaient congédier leurs hommes en ne conservant qu'un noyau de 120 soldats par bataillon. C'était la mise en pratique du système préconisé autrefois par Scharnhorst. Cette disposition devait permettre de mobiliser rapidement la landwehr, sage mesure de précaution, car les conflits soulevés entre les puissances au congrès de Vienne, permettaient de prévoir que le traité conclu serait plutôt une trêve qu'une paix durable.

Le retour subit de Napoléon en France jeta l'effroi parmi les souverains et les poussa à oublier leurs querelles pour s'unir encore une fois contre l'ennemi commun. La Prusse mobilisa 112 bataillons et autant d'escadrons de l'armée permanente, soit 102.000 hommes ; la landwehr forma 168 bataillons et 136 escadrons, soit 131.000 hommes, auxquels il convient d'ajouter 40.000 hommes de troupes de garnison et de remplacement. C'était donc avec 273.000 hommes que l'armée prussienne entrait en campagne.

Cette fois, tout ayant été prévu d'avance, la mobilisation et l'amalgame de la ligne avec de la landwehr se firent rapidement, suivant un plan nettement établi. Chaque brigade comptait un régiment de ligne et deux régiments de landwehr.

Sur le champ de bataille de Ligny, la landwehr de 1815, bien équipée et bien armée, subit une première épreuve qui ne fût pas à son avantage. La plupart des réfractaires et des déserteurs de 1813 se trouvaient dans ses rangs, et ils y avaient apporté leur esprit d'indiscipline. Au cours de la lutte, 9.000 landwehriens désertèrent (1), beaucoup regagnèrent leurs foyers ; d'autres,

---

(1) Dans le 1er corps, le nombre des disparus atteignit les deux tiers de l'effectif. Les réservistes de l'armée de ligne, eux aussi, désertèrent en grand nombre. Voyez Bräuner : « Geschichte der preussischen Landwehr ». Zweiter Halbband, p. 40.

organisés en bandes, parcoururent les campagnes, semant partout la terreur et se montrant plus âpres au pillage que courageux au feu.

A Waterloo, si les désertions furent moins nombreuses (1), c'est que la landwehr ne fût pas totalement engagée et que, d'ailleurs, la victoire était déjà décidée lorsqu'elle parut sur le champ de bataille. Encore une fois la Prusse triomphait grâce à ses alliés.

La campagne était terminée, mais, suivant l'expression d'un auteur prussien, en quelques semaines, la landwehr s'était de nouveau fondue « comme la neige aux ardeurs du soleil (2). »

---

(1) Blücher amena sur le champ de bataille 52.000 hommes dont 26.000 landwehriens. Les états de pertes de la landwehr signalent 2.923 tués ou blessés et 894 disparus.
(2) « Geschichte der Landwehr ». Von Bräuner,

XIII

LA POLITIQUE PRUSSIENNE ET L'UNITÉ ALLEMANDE

La Prusse et la restauration de l'unité allemande. — Influence du règne de Frédéric le Grand et de la philosophie du xviiie siècle. — Herder, Gœthe, Schiller, Fichte. — L'Allemagne en 1807. — La reine Louise de Prusse. — Arndt poète de la revanche. — Stein, son action au début de 1813. — Sa rupture avec les princes allemands. — Action combinée de Stein et de Arndt. — Projet de création d'un empire prussien. — Proclamations des alliés. — Arndt, Kœrner et Gœthe à Dresde. — Intervention de l'Autriche. — La commission centrale d'administration. — Metternich et Gentz. — Ambitions de la Prusse après Leipzig. — Principe des nationalités. — Déceptions de la Prusse au congrès de Vienne. — L'affaire de Saxe. — L'union germanique réalisée contre la Prusse. — Accusations portées contre Hardenberg et Stein. — Arndt poursuit la réalisation de l'unité allemande. — Le congrès de Francfort. — Arndt précurseur du Pangermanisme.

L'idée de l'unité allemande a eu sur les événements que nous venons d'exposer une trop grande influence pour qu'il nous soit permis de la passer sous silence. Il est impossible de ne pas tenir compte d'une force morale qui produisit de si puissants effets en 1813 et dont l'action continue demeure de nos jours une source d'inquiétudes pour l'Europe.

Pour bien se rendre compte du rôle que joua la Prusse dans la tentative de restauration de l'unité allemande en 1813, il est indispensable de remonter jusqu'au règne de Frédéric-Guillaume Ier. A l'avènement de ce prince, la Prusse était composée de provinces éparses dans l'Allemagne, n'ayant d'autre lien entre elles que l'autorité royale et formant autant de petites patries distinctes pour la noblesse qui les exploitait. Quant au peuple, il était incapable d'élever ses aspirations au-dessus de la recherche de ses intérêts purement matériels, et, jusqu'en 1813, sa situation morale devait faire peu de progrès. Toute conception supérieure à la patrie locale ne pouvait trouver d'écho que parmi quelques intelligences d'élite. Le roi Frédéric-Guillaume Ier avait l'esprit trop obsédé par des calculs d'intérêts de toutes sortes pour se soucier le moins du monde de la patrie allemande; s'il y songeait parfois, ce n'était que pour en exploiter les débris. Son ambition se bornait à arrondir ses domaines aux dépens de l'Autriche et des principautés voisines; de là cette politique louvoyante dont ses ministres dévoilaient naïvement le véritable but à l'ambassadeur de France : « Notre intérêt aussi bien que celui de la France — disaient-ils en parlant de l'empereur d'Autriche — est qu'il n'y ait pas d'autre empereur après celui-ci; mais, si l'on est obligé d'en faire un, il faut que ce soit un prince faible, hors d'état de faire exécuter ses mandements, et qui n'ait pas plus d'autorité qu'un doge de Venise (1). » La Prusse espérait devenir un jour assez forte pour pouvoir dépouiller ce faible monarque.

Lorsque Frédéric II monta sur le trône, il ne fit que continuer, mais avec plus d'habileté et d'audace, la politique de son prédécesseur; en se jouant à la fois de l'Autriche et de la France, il réussit à agrandir son royaume. Son père avait toujours professé ouvertement le plus grand mépris pour les penseurs et les philosophes; lui les attira à sa cour. Il était trop avisé pour ne point utiliser de si précieux auxiliaires. Il avait l'in-

---

(1) Cité par M. E. Lavisse. *Revue des Deux-Mondes*, septembre-octobre 1890, p. 578.

tuition que la patrie allemande ne serait d'abord qu'une patrie idéale formée par l'union des esprits, et il voulait que cette union fût consacrée à Potsdam. En un mot, il se proposait de prussianiser l'idée renaissante de la patrie allemande. Il y réussit pleinement : les succès de ses armes, l'éclat de sa cour exercèrent sur les autres Etats une attraction à laquelle ils ne purent se soustraire; savants, poètes, philosophes accoururent en Prusse, les militaires eux-mêmes commencèrent à déserter leur drapeau national pour se ranger sous la bannière du grand roi (1).

Cette impulsion vers la Prusse ne cessa pas avec les causes qui l'avaient fait naître. Frédéric mort, sa gloire lui survécut. Son nom était sur toutes les lèvres; les soldats qu'il avait conduits à la victoire étaient retournés dans leurs foyers, dans leur ancienne patrie, et ils racontaient partout les prouesses de leur illustre chef. Dans toute l'Allemagne étaient répandus des livres relatant les hauts faits des guerres passées, excitant la haine contre les Français et rappelant les dévastations commises par leurs armées. Cette admiration pour la Prusse, cette haine contre la France devaient puissamment servir l'ambition des Hohenzollern. Il fallait vraiment que leur royaume fût né sous une heureuse étoile : car tout tournait à son profit, même les théories dissolvantes du XVIII° siècle.

L'influence des philosophes français avait provoqué en Allemagne un important mouvement des esprits vers une sorte de cosmopolitisme humanitaire dont Herder, Gœthe, Schiller et Fichte s'étaient faits les apôtres. Ils prétendaient que le christianisme devait élever les nations à une conception plus haute que celle d'un patrio-

---

(1) Un jeune soldat suédois profita de sa captivité pour passer dans le camp prussien. Ce transfuge devait devenir le feldmarschall Blücher.

tisme étroit ; ils prêchaient la fraternité des hommes et des peuples et ne voulaient reconnaître pour patrie que la seule humanité.

En 1789, sans doute sous l'impression des grands événements qui se produisaient en France, Schiller, écrivant à Kœrner, émit une opinion qui devait tirer les théories humanitaires du vague dans lequel elles s'étaient maintenues jusqu'alors : « Un esprit philosophe — écrivait-il — ne peut s'intéresser particulièrement à une nation que si elle lui apparaît comme la condition du progrès de l'humanité entière (2). » Quelle peut être cette nation? Evidemment l'Allemagne, la plus ancienne, la plus noble des nations européennes, celle qui seule a su conserver intactes les vertus de ses pères et la morale évangélique ; Herder se chargera de le prouver dans ses « Discours à la nation allemande », et, lorsque, en 1792, la France accomplissant elle aussi sa mission de progrès, déclarera la guerre aux rois pour délivrer les peuples, le philosophe s'écriera : « Eveille-toi, lion endormi ; éveille-toi, peuple allemand, ne te laisse pas ravir ton palladium. — Une nation qui n'est pas capable de se protéger et de se défendre elle-même contre l'étranger, n'est pas vraiment une nation et ne mérite pas l'honneur de ce nom. »

L'âme de la patrie allemande venait de se révéler en face du danger; il s'agissait de lui donner un corps.

Les échecs de l'Autriche en Italie et sur le Danube jetèrent l'Allemagne dans les bras de la Prusse. Alors on vit accourir à Berlin toute une pléiade d'hommes d'élite : Stein vint de Nassau, Scharnhorst et Hardenberg du Hanovre, Altenstein de Bavière, Arndt de Suède, Nieburh du Holstein... Le désastre d'Iéna ne fit

---

(2) Cité par M. Lévy-Bruhl. — Herder. — *Revue des Deux-Mondes*, avril 1887.

que resserrer les liens unissant ces hommes à la poursuite du même idéal.

Herder était mort en 1804 et Schiller l'avait suivi de près dans la tombe; tous deux avaient forgé des armes puissantes dont Fichte, Stein, Arndt, Kœrner, Henri de Kleist allaient se servir pour la cause de l'unité allemande.

Telle était, en 1807, la situation morale de l'Allemagne : elle pleurait sur les cadavres de ses enfants, elle gémissait sous le joug de la France, et, à grands cris, elle réclamait un sauveur (1). C'était en vain que ses regards se tournaient vers les princes et les monarques; tous avaient perdu confiance et aucun n'était de taille à lutter contre Napoléon. Seule une femme avait gardé au cœur l'espoir de la revanche, et cette femme était la reine Louise de Prusse. Dans tout l'éclat de sa jeunesse et de sa beauté, elle apparut comme le génie tutélaire de la cause allemande; cependant, c'était elle qui, en 1805, avait poussé la Prusse dans l'alliance russe et autrichienne à la veille d'Austerlitz; c'était elle qui, dans sa haine aveugle contre la France, avait provoqué la guerre funeste de 1806. Son énergie dans le malheur, son audace même, semblaient être le gage de succès futurs. Hardenberg, Stein, Scharnhorst, Rüchel, York, Blücher, tout ce que la Prusse avait de fort et de vaillant, se pressaient dans ses salons, complotant contre le tyran, contre l'oppresseur de la nation allemande, contre Napoléon. Au profit de son pays, malgré l'opposition de Frédéric-Guillaume, la reine avait jeté les bases de cette fameuse ligue des patriotes, le Tugendbund, qui, grâce à l'influence des universités, devait s'étendre rapidement sur toute l'Allemagne (2).

---

(1) Kœrner : « Mein Vaterland ».
(2) Pour complaire à Napoléon, Frédéric-Guillaume prononça

Ainsi les événements eux-mêmes portèrent la Prusse à la tête d'une puissant mouvement national, né du souvenir de l'anciene splendeur de l'Empire germanique, provoqué par les philosophes et développé par la haine de la France. Mais, « quelque bien disposées que soient les masses, a écrit M. Thiers, elles ne sont jamais prêtes à tous les sacrifices si des hommes passionnés ne les y obligent ». Stein et Arndt furent ces hommes passionnés : c'est l'œuvre de ces deux artisans de l'unité allemande que nous voudrions mettre en lumière.

Né le 27 décembre 1769, Maurice Arndt était fils d'un fermier suédois de l'île de Rügen. Son enfance avait été bercée par les récits de guerre d'un ancien officier de l'armée du grand Frédéric, et de bonne heure il avait appris à aimer la Prusse et à haïr les Français. Devenu homme, il avait eu l'esprit hanté par les théories cosmopolites de Fichte, son maître de philosophie à l'université d'Iéna. Peu à peu, il s'était dégagé de ce que luimême appelait son « particularisme suédois », et, n'ayant plus désormais d'autre patrie que l'Idéal, il avait erré à travers l'Europe, cherchant comme saint Christophe à se donner un maître. Cependant, la semence déposée en lui par le vieil officier de Frédéric avait germé et porté ses fruits, et il était revenu en Allemagne pour se faire le défenseur de cette patrie commune que Herder venait de découvrir.

Les défaites de la Prusse, en 1806, achevèrent d'exalter la haine de Arndt contre la France. Passé en Suède pour détourner les soupçons de la police française, il ne tarda pas à attirer de nouveau son attention par ses violentes attaques contre Napoléon et son allié, l'empereur Alexandre.

---

la dissolution du Tugendbund le 31 décembre 1809; mais la ligue subsista sous forme de société secrète.

Lorsque, en 1809, les Français eurent déclaré la guerre à l'Autriche, Arndt quitta sa retraite. Muni de faux passeports, il débarqua en Allemagne. Il parcourut le pays en tous sens, entrant en relation avec les membres influents du Tugendbund, excitant leur zèle et s'efforçant de provoquer un mouvement populaire. Nous avons dit quel fut le résultat des folles équipées de Brunswick et de Schill, ce chef hardi qui n'était envoyé « ni par un empereur, ni par un roi, mais par la liberté et la patrie (1) ». L'opinion publique, entraînant Frédéric-Guillaume, fut sur le point d'amener une rupture avec la France.

A Wagram, s'éteignit définitivement le prestige de l'Autriche, qui avait jeté à Aspern sa dernière étincelle. Tout l'espoir des patriotes allemands se reporta sur la maison de Hohenzollern. Encore une fois, la Prusse avait joué de bonheur. Kœrner et Henri de Kleist, qui venaient de célébrer les hauts faits de la maison d'Autriche et la victoire de l'archiduc Charles, « le vainqueur de l'Invincible », dédiaient maintenant leurs vers à la mémoire de la reine Louise et entouraient la souveraine défunte (2) de l'auréole du patriotisme.

La déception fut grande pour l'Allemagne lorsque, en 1812, elle vit la Prusse s'engager avec la France dans une guerre contre la Russie. Beaucoup d'officiers quittèrent l'armée de Frédéric-Guillaume; les uns passèrent immédiatement au service du Tsar, les autres se retirèrent en Silésie pour y attendre les événements (3). Arndt parut au milieu de ces derniers à Breslau, où il fut acclamé comme le poète de la revanche. Il n'attendait plus rien d'un monarque qui semblait avoir perdu

---

(1) Das Lied vom Schill. Arndt's Gedichte.
(2) La reine Louise était morte le 19 juillet 1809.
(3) Parmi les premiers se trouvaient Clausewitz et Chazot; parmi les seconds, Scharnhorst, Blücher et Gneisenau.

toute confiance en la nation et en lui-même; c'était dans le peuple qu'il plaçait son suprême espoir, c'était le peuple qu'il voulait armer. « Dieu qui a créé le fer — disait-il (1) — n'a pas voulu d'esclaves. Il a donné à l'homme le sabre, l'épée et la lance pour défendre ses droits. » Cette fois encore, le peuple demeura sourd à sa voix; une armée fut levée, mais elle le fut pour servir la cause de la France. Le poète s'adressa alors à ces soldats pour les exhorter à ne pas faire cause commune avec l'oppresseur de la patrie allemande. York entendit cet appel : il devait y répondre à Taurugen.

Arndt, désespérant de la Prusse, se tourna vers l'Autriche et partit pour Prague. A son arrivée dans cette ville, il trouva une lettre de Stein le mandant en toute hâte à Saint-Pétersbourg.

Banni sur l'ordre de Napoléon, Stein s'était réfugié en Autriche; c'est là qu'un jour d'été de l'année 1812, était venue le surprendre une lettre du Tzar. Alexandre l'invitait à se rendre auprès de lui pour l'éclairer de ses conseils. Stein était parti sur-le-champ.

La guerre entre la Russie et la France venait d'éclater; les premiers coups de canon avaient été tirés, et cependant le Tzar ne pouvait se résoudre à se séparer de son vieux ministre Romanzoff, qui passait à juste titre pour avoir été l'âme de l'alliance française après Tilsit. Dès son arrivée à Saint-Pétersbourg, Stein comprit que, dans l'intérêt de l'Allemagne, il importait d'éloigner du Tzar un conseiller capable de l'entraîner de nouveau dans l'alliance qu'il venait de rompre. La disgrâce de Romanzoff devint pour l'ancien chancelier du roi de Prusse le premier but à atteindre. Il s'efforça de montrer à son nouveau maître les inconvénients qu'il y aurait à conserver au pouvoir un ministre représentant une po-

---

(1) Vaterlandslied.

litique hostile à l'Angleterre et aux autres nations européennes, dont le concours pouvait être utile à la Russie. Alexandre ne se laissa pas convaincre : Romanzoff était un vieux serviteur qui méritait sa confiance; Stein n'était qu'un nouveau venu, un étranger pour lui. Ce qu'il n'avait pu obtenir par la persuasion, Stein l'obtint par des intrigues de cour : le ministre fut exilé. C'était un premier obstacle écarté de la voie sur laquelle Stein allait se lancer à la recherche de l'unité allemande.

Désormais à l'abri de toute compétition, de toute influence contraire, Stein s'empara de l'esprit du Tzar et soutint son courage durant toute une campagne, dont les débuts n'étaient marqués que par des revers. Peu lui importait que la Russie fût dévastée, Moscou pouvait périr dans les flammes, pourvu que du succès des armes russes sortît le triomphe de la cause allemande. Lorsque Napoléon proposa la paix, il employa toute son énergie à convaincre Alexandre de continuer la guerre. Son prestige s'accrut bientôt de toute la ruine des Français; après le Tzar, il devint l'homme le plus influent de l'Empire. Il s'empara alors de la politique extérieure de la Russie que, pendant deux ans, il géra pour le plus grand profit des intérêts de l'Allemagne. Son premier soin fût de chercher à renouer les relations entre les cabinets de Saint-Pétersbourg, de Londres et de Stockholm; un ambassadeur extraordinaire fut envoyé en Angleterre et en Suède, et cet ambassadeur fut un général prussien, le confident, l'ami de Blücher, Gneisenau. Quant aux princes allemands, Stein n'attendait plus rien de leur particularisme intéressé : « Ces hommes ne songent qu'à la restauration de leur puissance, — écrivait-il à Gneisenau — ils ne veulent à aucun prix agir avec le peuple; ils sont aveugles et sourds : je me suis séparé d'eux (1). »

---

(1) Arndt : « Meine Wanderungen und Wandelungen mit dem Reichsfreiherrn vom Stein ».

Cette opinion, il l'avait brutalement exprimée devant l'impératrice mère. D'origine wurtembergeoise, cette princesse avait conseillé au Tzar de déposer les armes après la défaite de la Moskowa; Stein ne lui avait jamais pardonné d'avoir, en cette circonstance, envisagé les événements à un point de vue plutôt russe qu'allemand. En apprenant la retraite de Napoléon, elle était accourue auprès du nouveau favori de son fils pour le féliciter de n'avoir jamais désespéré de la victoire. « Si maintenant un seul soldat français s'échappe à travers l'Allemagne, — avait-elle ajouté — j'aurai honte d'être allemande. » L'ancien chancelier prussien lui avait répondu avec humeur : « Votre Majesté a grand tort de s'exprimer de la sorte au sujet d'un peuple à la fois si grand, si fidèle et si brave, auquel elle a le bonheur d'appartenir. Elle aurait dû dire : je n'aurai pas honte du peuple allemand, mais de mes frères, de mes cousins, de mes alliés, les princes allemands. Je commence à être âgé; j'ai vécu les années 1791, 1792, 1793, 1794 sur le Rhin; ce n'était pas le peuple qui était coupable : on ne savait pas l'employer. Si les monarques et les princes allemands avaient fait leur devoir, jamais aucun Français ne serait arrivé sur l'Elbe, sur l'Oder, sur la Vistule et bien moins encore sur le Dniester. » L'impératrice interdite n'avait pu trouver que cette réponse : « Vous avez peut-être raison, Monsieur le baron, je vous remercie de la leçon (1). »

Ce n'était pas aux princes, à ces « lâches qui vendaient le sang de leurs sujets pour prolonger leur misérable existence (2) », mais aux peuples que Stein voulait s'adresser, et, pour leur parler en son nom, il avait mandé auprès de lui Arndt, le poète populaire, l'apôtre de la

---

(1) Arndt : « Meine Wanderungen...... ».
(2) Lettre de Stein au comte de Münster.

revanche. Il ne l'avait jamais connu, mais ses poésies aux accents farouches avaient trouvé un écho dans son cœur. Ces deux hommes bien faits pour s'entendre poursuivaient le même rêve : la restauration de l'unité allemande; ils étaient épris du même idéal : la grandeur de la patrie commune; ils se servaient des mêmes moyens : le soulèvement des forces populaires contre la tyrannie de Napoléon. Ils étaient en telle communion d'idées que, lorsque Arndt, à son arrivée à Saint-Pétersbourg, s'était présenté pour la première fois devant Stein, celui-ci s'était borné à lui dire : « Pour quels motifs, dans quel but je suis ici, vous le savez aussi bien que moi, de même que vous savez pourquoi vous avez consenti à entreprendre un si long voyage. Ici, nous trouverons l'occasion de faire nos petites affaires (1). » Et Arndt avait compris ce qu'on attendait de lui. Aussitôt, il s'était mis à l'œuvre, traitant, soit en prose soit en vers et dans le sens que lui indiquait Stein (2), les sujets les plus propres à émouvoir les masses, à les pousser à se ruer contre la puissance de la France.

Les ressources ne manquaient pas à Stein depuis qu'il était devenu le favori d'Alexandre, et, lorsqu'il s'agissait de servir la cause allemande, il était tout aussi prodigue de l'or de la Russie que du sang de ses soldats. Les patriotiques appels de Arndt étaient aussitôt imprimés et répandus à profusion dans toute l'Allemagne. Il en était fait des traductions russes (3) et françaises, afin que le nom de Napoléon pût être maudit dans toutes les langues. « Ces feuilles — dit Arndt — volaient comme des étincelles, et on espérait que çà et là elles rencontre-

---

(1) Arndt : « Meine Wanderungen...... ».
(2) « In Steinischen Sinn. » (Arndt, *ibidem*.)
(3) A la fin de 1812, Arndt écrivait en outre dans un journal hebdomadaire, le « Syn Otetschestwa » (le Fils de la Patrie), publié par les soins du gouvernement russe.

raient un cœur qu'elles pourraient enflammer. » C'était une réclame effrénée en faveur de la patrie allemande.

En janvier 1813, Stein et Arndt partirent pour Königsberg. Nous avons dit quel fut, dans la province de Prusse Orientale, le rôle de l'ancien chancelier et à la suite de quels événements il dut retourner auprès du Tzar. En quittant Königsberg, Stein y laissa Arndt avec des instructions bien précises sur le sens dans lequel il devait agir pour soulever le peuple, dont l'esprit semblait s'ouvrir à l'idée du patriotisme depuis que ses intérêts particuliers se trouvaient être les mêmes que ceux de l'Etat prussien. Le poète publia alors un pamphlet qui eût un grand retentissement dans toutes les provinces de la monarchie : le « Catéchisme pour le soldat et le milicien allemands, où l'on enseigne ce que doit être le guerrier chrétien et comment il doit aller avec Dieu au combat (1). »

C'était une œuvre de haine contre la France; Arndt y prêchait sous une forme biblique (2) la guerre sainte, la guerre de délivrance.

---

(1) « Katechismus für den deutschen Kriegs-und Wehrmann, worin gelehrt wird wie ein christlischer Wehrmann sein und mit Gott in der Streit gehen soll. » Voici un extrait qui donnera une idée de cette œuvre :

« Et l'abîme s'est ouvert, dit le Seigneur, et l'enfer a vomi son poison et lâché ses serpents venimeux.

» Et un monstre est né, et une abomination souillée de sang s'est dressée.

» Et son nom est Napoléon Bonaparte, un nom de désolation, un nom de malheur, un nom de malédictions pour les veuves et les orphelins, un nom qui retentira parmi les cris de désespoir au jour du jugement.....

» Debout peuples! Tuez-le, car je l'ai maudit! Détruisez-le, car c'est un destructeur de la Liberté et du Droit. » (Chap. VI *Du Grand Tyran.*) (Traduction du colonel Charras.)

Plus tard, à Dresde, Arndt compléta cette œuvre en vulgarisant les devoirs du soldat allemand dans un opuscule intitulé : *Que signifient le Landsturm et la Landwehr. (Was bedeutet Landsturm und Landwehr.)*

(2) Arndt avait fait des études de théologie dans le but de devenir pasteur.

Satisfait de la tournure prise par les événements, Arndt alla rejoindre Stein à Kalisch. Depuis son retour au quartier général du Tzar, l'ex-chancelier n'avait cessé de déployer la plus grande activité ; grâce à lui, un traité d'alliance entre la Russie et la Prusse venait d'être conclu, et Kutusof, malgré son mauvais vouloir, avait dû franchir la Vistule. La Prusse était en effervescence.

Il était temps, enfin, de définir cette patrie allemande au nom de laquelle le roi de Prusse conviait son peuple à courir aux armes. Stein s'en était déjà ouvert au Tzar; le 18 septembre 1812, il lui avait remis un mémoire dans lequel il proposait de diviser les pays d'origine germanique en deux zones ayant pour limites naturelles le Mein et les montagnes du nord de la Bohême. Les états situés au sud de cette ligne de démarcation seraient donnés à l'Autriche; ceux du nord, à la Prusse. Il admettait toutefois la possibilité de laisser subsister quelques petits états, tels que le Hanovre, à la condition qu'ils seraient confédérés à l'une ou à l'autre des deux grandes puissances allemandes. C'était une concession évidente faite à l'Angleterre, sur le concours de laquelle il comptait pour réaliser ses projets. Ce qu'il n'avouait pas, c'était son espoir de voir un jour un mariage avantageux ou une guerre heureuse réaliser au profit de l'un ou l'autre des deux états l'unité intégrale des peuples germaniques, rendue pour le moment impossible par la rivalité des Habsbourg et des Hohenzollern. Stein n'avait point, de prime abord, manifesté ses préférences en faveur de la Prusse. L'ex-chancelier de Frédéric-Guillaume conservait quelque ressentiment contre son ancien maître qui n'avait pas hésité à l'exiler et à confisquer ses biens sur un simple désir formulé par Napoléon. Il gardait au fond du cœur quelque chose comme une lassitude, comme un dégoût provoqué par les mesquines intrigues des hobereaux prussiens lors de la lutte qu'il avait entreprise contre la noblesse hostile à ses réformes. Il n'était pas de mauvaise foi lorsqu'il avait écrit au comte de Münster : « Je n'ai qu'une patrie, elle s'appelle l'Allemagne. A elle, et non à une de ses parties, je suis dévoué de cœur... Dans ce moment de grande évolution, les dynasties me sont absolument indifférentes. » Il avait perdu toute confiance en l'énergie de la Prusse et il n'attendait plus le salut que des armes de la Russie; voilà pourquoi il s'était montré si hautain, si cassant à Königsberg. Mais le mouvement populaire dont il avait été le témoin, la leçon même que lui avaient infligée les Etats provinciaux, avaient réveillé ses anciens sentiments et, suivant l'expression de Arndt, il était « redevenu Prussien des pieds à la tête ». Maintenant il voyait dans la restauration et l'agrandissement de la monarchie prussienne le seul moyen d'assurer la grandeur et la prospérité de la patrie allemande.

Le traité que Stein venait d'arracher à l'indécision de Frédéric-Guillaume portait l'empreinte de ses sentiments. Il y était stipulé qu'en prenant l'offensive les Alliés lanceraient des proclamations pour inviter les peuples à courir aux armes, pour les exciter à vaincre ou à mourir, en luttant contre l'oppresseur de la patrie commune, pour menacer de déchéance les princes qui oseraient s'opposer aux aspirations de leurs sujets (1).

Rendu impatient par les lenteurs de Kutusof, Stein joignait ses instances à celles de Scharnhorst pour décider le Tzar à donner le signal de l'attaque. Il représentait au monarque russe l'intérêt qu'il y avait à profiter du premier enthousiasme pour rompre la Confédération du Rhin.

Enfin les armées alliées marchent vers l'Elbe. Aus-

---

(1) D'après Charras, *Guerre de 1813 en Allemagne.*

sitôt les proclamations des généraux russes et prussiens s'envolent à travers l'Allemagne. « Ils parlent une langue inconnue depuis la République française. Dans leur bouche, les droits des peuples priment les intérêts des souverains. Ils arment les peuples des principes de liberté, d'égalité, pour les précipiter contre Napoléon (1). » Blücher, comme toujours, se montre le plus violent, le plus hardi : « Nous marchons — s'écrie-t-il — vers les contrées que nous montre le doigt de la Providence... Nous vous apportons l'aurore d'un jour nouveau... Levez-vous, réunissez-vous à nous, levez l'étendard de l'insurrection contre l'usurpation étrangère; soyez libres ! (2). » Wittgenstein n'a pas oublié que c'est en Allemagne que son père vit le jour; sous son uniforme russe bat un cœur vraiment allemand : « Celui qui voudra demeurer inactif — dit-il — celui-là je ne le reconnaîtrai pas pour Allemand. Qui n'est pas pour la liberté est contre elle. Il faut choisir entre mon affection fraternelle et mon épée (3). » Cette liberté, Kutusof se décide à la promettre à son tour, en proclamant la dissolution de la Confédération du Rhin, cette « chaîne qui sert à l'esprit d'usurpation pour garrotter l'Allemagne disloquée »; il demande aux princes qui la forment coopération fidèle et entière; il menace d'anéantir par les armes celui d'entre eux qui sera parjure à la cause de la patrie germanique (4). Mais c'est à contre-cœur que le vieux maréchal fait ces promesses, ces menaces; lui seul a démêlé les intrigues de Stein, et il craint de compromettre la cause russe pour sauver la cause allemande. C'est malgré lui qu'il a franchi la Vistule, c'est malgré lui qu'il s'éloigne chaque jour da-

---

(1) Charras, *l. c.*
(2) Proclamation du 23 mars.
(3) Proclamation du 23 mars.
(4) Proclamation du 25 mars.

vantage de sa patrie ; sa voix n'est plus écoutée, et il ne tarde pas à mourir de vieillesse et de fatigue. Désormais, l'influence prussienne demeurera sans contrepoids auprès du Tzar.

L'Èlbe est franchie et c'est le taciturne, le timide Frédéric-Guillaume lui-même qui prend la parole : « La force des choses — dit-il à ses anciens sujets — a amené la paix de Tilsit, qui nous a séparés violemment. Mais ce pacte, comme ceux qui furent ultérieurement conclus avec la France, a été rompu par nos ennemis ; par leur manque de foi, ils ont eux-mêmes brisé les lourdes chaînes qui nous reliaient à eux. Dieu, par la victoire de nos puissants alliés, a préparé la liberté de l'Allemagne... Je compte sur votre attachement comme la patrie compte sur votre force... Armez-vous du glaive, formez votre landwehr et votre landsturm selon l'exemple de vos nobles frères... Lorsque vous aurez combattu avec nous pour la patrie commune ; lorsque, par vos efforts, vous aurez fondé notre unité et prouvé que vous êtes dignes de vos aïeux et du nom de Prussiens, alors l'avenir guérira les blessures du passé ; nous retrouverons le bonheur perdu dans le sentiment d'un attachement fidèle et réciproque et dans la sereine jouissance de la liberté et de la paix. »

A Dresde, Arndt, Kœrner et Gœthe se trouvèrent réunis. Henri de Kleist manquait seul à ce rendez-vous de poètes. En 1799, il avait quitté l'armée prussienne pour se consacrer tout entier aux Muses ; admirateur et fervent disciple de Herder, il s'était fait l'apôtre de l'unité allemande. En 1809, il avait appelé la Germanie aux armes (1), il avait chanté « la joie de combattre pour la patrie » ; mais « les oreilles étaient demeurées sour-

---

(1) H. v. Kleits sämmtliche Werke, « *Germania an ihre Kinder* ».

des à son appel impuissant (1) »; alors, il avait désespéré de la cause allemande, et ce désespoir l'avait conduit misérablement au suicide. Une mort plus glorieuse était réservée à Kœrner. Dans toute la plénitude de son talent, le jeune (2) poète saxon s'était arraché aux triomphes du théâtre; il était accouru de Vienne pour s'enrôler dans le corps de Lützow : « Laissez-moi — avait-il dit — gagner ce que j'ai si souvent célébré dans mes chants; laissez-moi conquérir une couronne en mourant avec enthousiasme pour le peuple et la liberté (3). » Gœthe n'avait connu ni le désespoir de l'un, ni le courage de l'autre. Des hauteurs où planait son génie, le grand poète semblait ne pas entendre l'appel de la patrie allemande : « Vous ne faites qu'agiter vos chaînes — disait-il à Arndt et à Kœrner. — L'homme (Napoléon), est trop grand pour vous, vous ne l'abattrez pas. » (4). Quant à Fichte, courbé par l'âge, perclus de rhumatismes, mais plus que jamais ardent patriote, il s'était traîné jusqu'à Berlin pour se faire inscrire comme simple soldat sur les contrôles du landsturm et prêcher à la fois par la parole et l'exemple la guerre pour l'affranchissement et la liberté.

A l'appel de Arndt, de Kœrner et de Fichte, les peuples se soulevaient; déjà, ils arboraient la cocarde blanche et noire aux couleurs allemandes. Stein triomphait.

...Bonheur, Liberté, Paix, tous ces grands mots résonnaient encore aux oreilles des Allemands lorsque Napoléon tomba au milieu d'eux comme un coup de foudre. Russes et Prussiens battirent en retraite, les co-

---

(1) Kleist. *Das letzte Lied*. En 1811, après avoir tué sa maîtresse Henriette Vogel, Kleist se précipita dans un lac. Il était âgé de 36 ans.
(2) Kœrner était à peine âgé de 23 ans.
(3) Körner's sämmtliche Werke. *Abschied von Wien*.
(4) Arndt. *Erinnerungen*.

cardes disparurent, les peuples rentrèrent dans le calme, les princes accoururent auprès du vainqueur de Lützen et de Bautzen pour le féliciter de ses victoires; ces démarches n'étaient point en opposition avec leurs sentiments intimes : ils avaient craint de perdre leur couronne du fait de la Prusse, et ils étaient heureux de la sentir raffermie par la force des baïonnettes françaises.

Tandis que Arndt se rendait à Berlin pour y soutenir les courages défaillants et se procurer des nouvelles de l'armée suédoise, dont on attendait avec anxiété le débarquement, Stein suivait la retraite des monarques alliés.

A Reichenbach étaient réunis pêle-mêle souverains, généraux et diplomates. Hardenberg, Blücher, Gneisenau, Humboldt, Schön, Niéburh, Stadion, lord Cathcart, Pozzo di Borgo, allaient et venaient, agités, inquiets, ne sachant plus à quel saint se vouer. Stein malade, plus irascible, plus violent que jamais, s'emportait contre Metternich, contre l'empereur d'Autriche, qui laissaient succomber la cause allemande. La conclusion de l'armistice de Pleiswitz mit un peu de calme dans cette agitation, un peu d'ordre dans ce désordre. Nesselrode arriva enfin de Bohême; il était porteur d'une lettre de Metternich, adressée au Tzar : « Sire, — écrivait le chancelier autrichien — patience et confiance ! Je vous verrai dans trois jours, et dans six semaines nous serons alliés. »

L'entente fut prompte, sauf sur un point : la désignation du général qui commanderait en Bohême les troupes autrichiennes, russes et prussiennes. En prétendant imposer le général Moreau, récemment arrivé auprès de lui, Alexandre cachait mal son désir de conserver partout le commandement suprême. Quant à Metternich, il ne voulait pas subir la volonté de ses alliés; il menaçait de se retirer de la coalition si le général Schwartzenberg n'était pas accepté. Stein intervint et conseilla au Tzar de céder. Sans doute la prééminence russe était favorable aux projets dont il poursuivait la réalisation ; mais il se méfiait de Moreau : il craignait que ce général ne lui ravît une partie de son influence et ne revînt à des sentiments français après avoir assouvi sa haine contre Napoléon. Le boulet qui emporta Moreau devait être salué par les cris de joie de toute l'Allemagne.

Stein n'était pas homme à faire une concession à Metternich sans obtenir de lui une compensation. Il se fit donner la présidence de la « commission centrale d'administration » (Centralverwaltungsauschuss), organisée dans le but d'exploiter les ressources des pays reconquis. Cette haute situation lui conférait le pouvoir de nommer les gouverneurs des provinces successivement occupées; naturellement, son choix ne porta que sur des personnes dont le dévouement à la Prusse était connu. La commission fonctionna jusqu'à la fin de la campagne de 1814, sans donner les résultats matériels sur lesquels on était en droit de compter. Son président en fit surtout un instrument de propagande en faveur de la cause de l'unité allemande; en s'emparant de la presse, en l'obligeant à publier les vers et les articles de Arndt, il ne fit que continuer le système de propagande inauguré en Russie.

Après la rupture du Congrès de Prague, les souverains entrèrent en campagne en se faisant suivre par leurs chanceliers. Leur union, née de la communauté momentanée de leurs intérêts, n'était basée ni sur la confiance, ni sur la sympathie : elle ne pouvait être durable. Sous les apparences du désintéressement et de l'entente commençaient déjà à surgir entre les nations alliées mille causes de discorde provenant de la différence des instincts et de la divergence des ambitions. Comment l'Autriche eût-elle pu marcher d'accord avec la Prusse, avec cette nation rivale qui projetait de ravir à son influence la majeure partie des états allemands? La lutte était ouverte entre Stein et Metternich; le premier, entier dans ses idées, emporté, violent, renversant les obstacles ou se brisant contre eux; le second, souple, rusé, calme, tournant les difficultés ou laissant au temps le soin de les résoudre. Pour former l'unité allemande, l'ex-chancelier prussien faisait appel aux peuples; pour sauvegarder les intérêts de son souverain, le chancelier autrichien se ménageait le concours des princes. L'un utilisait les armes nouvelles forgées par la Révolution française; l'autre se servait habilement des vieilles armes féodales.

Metternich était suivi par le chevalier de Gentz, qui jouait auprès de lui le même rôle que Arndt jouait auprès de Stein. Comme Arndt, Gentz avait eu une vie aventureuse (1); il était comme lui un ennemi acharné de Napoléon; comme lui, il maniait la plume avec force et courage, et les pamphlets qu'il avait lancés contre l'Empereur des Français lui avaient valu une certaine célébrité. C'était lui qui avait rédigé, en 1809, l'appel aux patriotes allemands lancé par l'Autriche à la veille de la guerre avec la France, et qui provoqua en Prusse une si vive agitation.

Les succès des Alliés réveillèrent les convoitises de la Prusse. Après la victoire de Leipzig, Stein ne se contenta plus de la délivrance; il rêva une guerre de conquête et de revanche. Arndt fut chargé de répéter aux peuples ce que Blücher disait aux souverains : « Bientôt nous chanterons victoire sur le Rhin, et la chasse à

---

(1) Né à Breslau en 1764, il avait d'abord servi la Prusse dans l'administration des finances, puis il était passé en Angleterre au service de Pitt (1795) et avait enfin trouvé en Autriche cette patrie idéale que Arndt était venu chercher en Prusse. En 1802, il avait été nommé conseiller impérial et Metternich se l'était attaché depuis 1810.

grand bruit se poursuivra en France (1). » Sous l'inspiration de Stein, et avec l'approbation de Hardenberg, le poète publia une étude sur « Le Rhin, fleuve allemand, mais non pas frontière allemande (2) ». Le titre seul dit assez l'étendue des ambitions prussiennes. Mais ce n'était pas seulement les provinces rhénanes que la Prusse convoitait, c'était aussi la Hollande, ce pays de « vieille race allemande » (altdeutsche) ; c'était le Danemark et tout le littoral, depuis Rotterdam jusqu'à Mémel (3). Rêves de grandeur dont elle poursuit encore la réalisation. Herder, qui avait enseigné que la langue est l'âme d'un peuple, n'avait-il pas prêché l'union de toutes les nations parlant le même idiome ? Au nom de cette doctrine, Arndt avait défini la patrie commune : « Partout où Dieu est adoré en langue allemande (4) » ; en son nom il réclamait pour la Prusse le Rhin et l'Alsace. Le grand principe des nationalités faisait pour la première fois son apparition dans le monde.

Laissant Arndt à ses travaux de vulgarisation, Stein était parti brusquement pour Francfort, où se trouvaient réunis les quartiers généraux de tous les souverains. Les menées de la Prusse n'avaient point échappé à Metternich ; il venait d'y répondre en rédigeant, avec l'aide de Gentz, un manifeste que le Tzar et le roi Frédéric-Guillaume avaient signé et qui devait précéder en France les armées de la coalition. « Les monarques alliés — y lisait-on — désirent la France grande, forte et heureuse, car la France grande et forte est l'une des bases de l'édifice européen (5). » Ce manifeste n'avait, en

---

(1) Arndt. *Der König von Preussen.*
(2) *Der Rhein Deutschlands Strom, aber nicht Deutschlands Grenze.* Leipzig 1813.
(3) Voyez Arndt, *Erinnerungen* et *Meine Wanderungen...*
(4) Arndt, *Des Deutschen Vaterland.* Voyez aussi *Meine Wanderungen...*, p. 179, édition Ph. Reclam.
(5) Arndt. *Meine Wanderungen....*

apparence, d'autre but que de détacher les Français de la cause de Napoléon ; mais il laissait deviner la ferme intention de l'Autriche de ne point prêter la main à la réalisation des projets de conquête formés par sa rivale. Il produisit en Prusse la plus pénible impression, et il eut pour effet immédiat d'exciter la méfiance de cette nation contre le Tzar qui avait été son libérateur et sur l'appui duquel elle avait basé tous ses rêves d'avenir. C'était un coup de maître de la part de la diplomatie autrichienne.

Désormais Stein abandonne la « commission centrale d'administration » ; il y laisse Arndt, qui agira pour le mieux ; quant à lui, il s'attache aux pas du Tzar, il le suit partout à travers la France, craignant de perdre son influence et redoutant de le voir traiter avec Napoléon. La scission entre la Prusse et l'Autriche s'accentue chaque jour davantage : Blücher s'éloigne de Schwartzenberg et refuse de servir sous ses ordres. Au fur et à mesure que les Alliés s'avancent sur Paris, la Prusse devient plus exigeante ; ce n'est plus la frontière des Vosges que Arndt réclame en son nom, c'est la Lorraine, c'est la Moselle et la Meuse (1).

Le Congrès de Vienne marqua la faillite de toutes ces espérances. Stein, qui avait rêvé l'unité de l'Allemagne, assista impuissant à sa dislocation. Un peu moins d'emportement lui eût peut-être permis de discerner dès le début les obstacles contre lesquels devaient se briser ses efforts. Sur quels appuis pouvait-il compter dans l'assemblée des nations ?

Sur l'Autriche ? Mais cette puissance n'avait pu si tôt oublier la façon humiliante dont Frédéric II avait traité Marie-Thérèse. C'eût été folie de sa part de se prêter à la constitution d'un empire ou d'une confédéra-

---

(1) Arndt. *Erinnerungen.*

tion du Nord qui eût donné la prépondérance à une rivale dont elle avait tout à redouter. D'ailleurs, pour le moment, elle songeait plutôt à sauver ses provinces d'Italie qu'à intervenir dans les affaires de l'Allemagne. On ne pouvait l'accuser de manquer à la solidarité allemande; la Prusse s'en était-elle souvenue elle-même? Qu'avait-elle fait pour l'Autriche en 1805 et en 1809?

Sur l'Angleterre? En raison d'intérêts supérieurs, elle avait pu ne pas tenir rigueur à la Prusse de sa participation au blocus continental; mais c'était bien peu connaître son orgueil national que d'espérer l'oubli de l'affront que lui avait fait Frédéric-Guillaume en acceptant le Hanovre des mains de Napoléon. D'ailleurs n'avait-elle pas à redouter le voisinage d'un empire maître du Rhin et de la Meuse et ayant accès dans la mer du Nord? La Prusse avait chanté trop tôt victoire; en dévoilant maladroitement ses projets ambitieux, elle avait éveillé l'attention de son alliée et provoqué sa méfiance.

Les princes allemands? Mais ils devaient se souvenir de la façon par trop cavalière dont Stein les avait traités. Loin de les ménager au cours de la guerre, le président de la « commission centrale d'administration » avait tout fait pour détacher leurs sujets de leur couronne. Ils avaient entendu leurs soldats chanter les vers que Arndt composait en l'honneur d'une patrie nouvelle; ils les avaient vus arborer des cocardes, emblêmes d'une puissance qui n'était pas la leur. D'ailleurs, ces états, qui venaient d'échapper à la tutelle de la France, pouvaient-ils de leur gré se soumettre au despotisme de la Prusse? N'avaient-ils pas le droit de revendiquer pour leur propre compte cette liberté dont on leur avait tant parlé?

Seule la Russie s'était montrée favorable à la Prusse; mais que pouvait-elle contre l'hostilité de l'Autriche et l'opposition des cours allemandes?

La diplomatie de Metternich l'emportait et, si un Empire germanique eût pu être créé, il l'eût été certainement au profit de la maison de Habsbourg, qui avait sû se ménager les sympathies des princes; mais ceux-ci préféraient garder leur indépendance, et, du reste, la Russie ne pouvait admettre l'accroissement de la puissance autrichienne qui eût été une menace constante pour ses frontières et une entrave pour ses vues ambitieuses sur Constantinople.

La Prusse était donc réduite à limiter ses prétentions à un simple accroissement de territoire. Stein avait été cependant assez habile pour lier sa cause à celle du Tzar, en persuadant à ce monarque que l'annexion de la Saxe à la Prusse était le corollaire de l'annexion de la Pologne à la Russie. En attendant que le Congrès eût tranché ces délicates questions, Alexandre gardait la Pologne militairement, tandis que Blücher cantonnait ses troupes en Saxe et apportait dans son commandement toute la morgue, toute la dureté qu'il montrait d'habitude à l'égard des vaincus. Les deux puissances pratiquaient la politique du « beati possidentes » si chère au grand Frédéric.

Cependant le caractère emporté de Stein ne pouvait se plier longtemps aux lenteurs de la diplomatie autrichienne; il proposait au Tzar de trancher la question par la force des armes, et il l'entraînait dans des préparatifs de guerre. Ces menaces déterminèrent Metternich à accepter les propositions de Talleyrand : la France, l'Angleterre et l'Autriche signèrent un traité d'alliance auquel adhérèrent bientôt tous les princes allemands. L'union germanique se trouvait momentanément réalisée, et elle l'était au profit de l'Autriche contre la Prusse.

Le brusque débarquement de Napoléon vint mettre un terme à toutes ces querelles.

Le rôle brillant de la Prusse pendant la campagne de 1815 ne modifia en rien la situation de ses affaires. Au congrès de Paris, les puissances ne se montrèrent pas mieux disposées en faveur de la création d'une Confédération du Nord, rendue désormais impossible par la politique violente et maladroite de la Prusse. Un événement, en apparence sans importance, avait montré les sentiments des autres nations à son égard. Le 2 mai, trois bataillons saxons, en garnison à Liège, s'étaient mutinés et avaient assailli le palais de Blücher; la résistance de la garde avait seule permis au vieux feldmarschall de s'enfuir, avec son état-major, par une porte de derrière. Les officiers prussiens n'avaient eu que le temps de sauter à cheval pour échapper à l'émeute. La répression fut sanglante, et ce ne fut qu'après plusieurs jours de lutte que les troupes de Blücher réussirent à cerner et à désarmer les Saxons.

Les désillusions furent d'autant plus pénibles pour les Prussiens, que leurs espérances avaient été plus grandes. Ils reprochaient à Hardenberg d'avoir manqué de prévoyance et d'habileté. Pourquoi avait-il consenti à l'Angleterre la cession d'un certain nombre de territoires voisins du Hanovre et que la Prusse convoitait (1)? Après avoir tiré profit de ses talents, ils l'accusaient de s'être souvenu de ses origines et d'avoir agi plutôt en Hanovrien qu'en Prussien. Ils le blâmaient de ne pas s'être opposé à la création d'un royaume des Pays-Bas, de ne pas s'être fait payer par la Hollande les services rendus en 1814. Ils lui imputaient à crime d'avoir compromis la diplomatie prussienne dans cette maladroite affaire de Saxe, de n'avoir point prévu l'avenir

---

(1) A Reichenbach, le 14 juin 1813, Hardenberg s'était engagé à céder au Hanovre la Frise orientale et le territoire d'Hildesheim moyennant une redevance de 660.000 livres sterling. L'argent faisait alors absolument défaut à la Prusse.

en laissant former avec les provinces rhénanes une multitude de petits états faibles, incapables de résister à la France, et destinés tôt ou tard à subir sa prépondérance.

Stein jugeait plus sainement les choses lorsqu'il disait à Arndt : « Hardenberg a payé pour son roi dans le jugement que beaucoup ont porté sur lui. On a prétendu que c'était de sa faute si la Prusse, après des exploits surprenants, ne s'était pas montrée assez énergique, assez hardie à Paris. On lui a reproché d'avoir laissé trop de questions pendantes, de n'avoir pas su passer de conventions et d'avoir abandonné trop de choses au hasard des débats du Congrès futur... Tous les autres souverains avaient discuté entre eux les différentes éventualités, pesé les avantages; ils avaient tout préparé et s'étaient réciproquement engagés par écrit; seule la Prusse apporta au congrès de Vienne un papier blanc; elle se présenta sans promesses, sans avoir rien prévu. Oui, c'est comme cela! Combien de fois Hardenberg, à Paris, s'est-il plaint à moi de ce que ni ses prières ni ses représentations ne pouvaient décider le roi à se ménager un entretien, à entamer des négociations avec ses frères François et Alexandre en vue de préparer le règlement de ses affaires. Le bon roi était beaucoup trop timide et craintif pour négocier et parlementer sur toutes ces choses. Une longue période de malheurs l'avait tellement replié, tellement concentré sur lui-même, qu'il était difficile de lui arracher un entretien. Certainement, il n'aurait pas eu la partie belle avec ses deux frères. Que pouvait contre leur finesse et leur souplesse, leurs ruses et leurs artifices, sa taciturne et silencieuse droiture? »

Lorsque Stein reconnut l'insuccès de ses efforts, lorsqu'il apprit que lui aussi était accusé d'avoir mal servi la cause prussienne, il renonça pour toujours à la vie publique, qui lui avait valu tant de déboires, et il s'efforça d'oublier dans la retraite et l'étude l'ingratitude des peuples et des rois (1). Arndt seul demeura à son poste de combat.

L'Allemagne, épuisée par l'effort suprême qui venait de lui rendre l'indépendance, avait à peine remis l'épée au fourreau que déjà s'ouvraient pour elle des luttes nouvelles.

Pour secouer le joug de la France, pour restaurer la patrie commune, Hardenberg, Stein, Arndt, Frédéric-Guillaume III lui-même avaient délié les peuples de leur obéissance envers leurs souverains; ils avaient fait briller à leurs yeux la liberté individuelle, la liberté politique, et cette liberté, sans laquelle toutes les autres ne sont que de vains mots: la liberté de parler et d'écrire, la liberté de la presse. Les peuples réclamaient comme un droit l'exécution des promesses qui leur avaient été faites; mais les souverains demeuraient sourds à leurs demandes depuis qu'ils n'avaient plus rien à craindre pour leurs couronnes. Nous ne retracerons pas le récit de ces revendications qui armèrent le bras de Sand contre Kotzebue (2). Dans ce conflit d'intérêts, l'Allemagne, divisée contre elle-même, s'affaiblit et la Prusse perdit peu à peu de vue le grand but qu'elle s'était proposé en 1813.

Frédéric-Guillaume, qui avait approuvé Arndt tant qu'il avait conservé l'espoir d'arrondir ses états, le reniait maintenant. Il l'accusait d'être affilié aux sociétés secrètes, de prendre part à leurs menées révolutionnai-

---

(1) Stein mourut le 29 juin 1831.
(2) Kotzebue fut assassiné par un étudiant fanatique, Sand. On accusait Kotzebue d'avoir engagé la Russie à intervenir dans les discordes allemandes pour réprimer les menées révolutionnaires.

res; il faisait perquisitionner chez lui; il le destituait de la chaire d'histoire qu'il occupait à l'université de Bonn; il le désignait comme « un homme dangereux (1) »; il créait, pour le juger, une juridiction d'exception, de celles qui sont toujours prêtes à rendre des services. Ces juges complaisants firent traîner l'affaire en longueur, de 1819 à 1827; à cette dernière époque seulement, Arndt réussit à obtenir, en bonne et due forme, une ordonnance de non-lieu. Le roi n'osa pas jeter en prison le poète de la revanche, mais il brisa sa lyre; en réduisant au silence celui qui était la voix de la patrie allemande, il servit maladroitement les rancunes de l'Autriche et des princes qu'elle traînait à sa suite.

L'avènement de Frédéric-Guillaume IV marqua le réveil des aspirations patriotiques de l'Allemagne. Après un quart de siècle de luttes stériles, l'union semblait se faire dans les esprits. L'Angleterre, la Russie, l'Autriche et la Prusse venaient de renouer leur ancienne alliance contre la France, accusée de soutenir secrètement Mehemet-Ali dans sa révolte contre la Turquie. La guerre était imminente. Arndt, rétabli dans sa charge et ses anciennes dignités, recommençait à agir malgré ses 70 ans; il appelait l'Allemagne aux armes, il jetait de nouveau son vieux cri de guerre : .

.....Zum Rhein, ubern Rhein !
Alldeutschland in Frankreich hinein !

A sa voix, l'enthousiasme renaissait comme aux jours mémorables de 1813.

La retraite du ministère français, regardé comme hostile à l'Allemagne, mit un terme à cette ardeur belliqueuse; mais Arndt n'en continua pas moins à lutter pour la cause de l'unité allemande. L'expérience l'avait

---

(1) « Ein gefährlicher Mann ». Arndt, *Erinnerungen*.

instruit : il avait renoncé à son idée première d'unité absolue comme à une chose impraticable; il ne disait plus, comme en 1813 : « Un seul pays, un seul peuple, un seul cœur, un seul maître ! » Il avait été peu à peu ramené à la conception primitive de Herder, à l'idée d'une simple confédération des peuples allemands. « Tout est divisé en Allemagne — avait écrit le philosophe — et tant de circonstances favorisent cette division : les religions, les sectes, les dialectes, les provinces, les gouvernements, les mœurs et les droits (1). » C'était à cause de ces divisions inévitables que Herder ne s'était point laissé aller, comme devaient le faire Stein et Arndt, au rêve, alors irréalisable, d'un gouvernement unique. Arndt, revenu de ses idées premières, s'efforçait maintenant de démontrer les avantages d'une décentralisation gouvernementale qui permettrait le libre développement des différentes branches de la race allemande (2). Il prêchait l'union aux princes, il agitait devant eux le spectre de l'invasion française et leur rappelait, comme une menace, ce dicton de l'ancienne Rome : « Græciæ civitates dum singulæ imperare voluerunt, omnes libertatem amiserunt. ». Au nom de la liberté, il les invitait à se donner non pas un maître, mais un chef; car, leur disait-il, « il faut qu'un peuple puisse se garder et se défendre, il faut qu'il puisse ne pas courber le front sous l'outrage; cela est et sera toujours le premier but à atteindre ».

Au lendemain de la révolution de 1848, ces idées se firent jour dans le Parlement de Francfort. Les députés décidèrent qu'aucun état de race non germanique ne pourrait être admis dans la fédération allemande; ce

---

(1) Cité par M. Lévy-Bruhl. — *Revue des Deux-Mondes*, avril 1887.
(2) Voyez Arndt, *Erinnerungen*, p. 339-340. Edition Ph. Reclam. Leipzig.

vote écarta la couronne impériale de la maison d'Autriche, à cause de la diversité des races qui composent cette nation. Le 3 avril 1849, une députation, dont Arndt, faisait partie, se rendit à Berlin pour y offrir au roi Frédéric-Guillaume IV le sceptre de l'Empire. Le monarque prussien venait de s'humilier devant le peuple ; il avait cédé devant l'émeute, et, dans ce qui n'était qu'une faiblesse, l'Allemagne avait cru voir une conversion aux idées libérales, pour la défense desquelles elle luttait toujours. La tentation était grande pour le roi ; mais l'Autriche veillait : son ambassadeur, le baron de Prokesch, connaissait le côté faible du caractère royal, il savait Frédéric-Guillaume fermement attaché aux vieux préjugés du droit divin. « Jamais je ne croirai — lui dit-il — que Votre Majesté consente à ceindre sa tête royale d'une couronne sortie de la fange révolutionnaire, d'une couronne de c...... (Schweinkrone). » Sous l'impression de cette apostrophe, le roi de Prusse congédia la députation ; il s'empressa d'écrire à M. de Bunsen, son représentant au Parlement de Francfort et son ami : « La couronne dont vous vous occupez pour votre malheur est surabondamment déshonorée par l'odeur de charogne (Aasgeruch) que lui donne la révolution de 1848. Quoi ! Cet oripeau, ce bric-à-brac de couronne pétrie de terre glaise, de fange, on voudrait la faire accepter à un roi légitime, à un roi de Prusse ! (1) ». C'en était fait des espérances de Arndt.

L'année suivante, Frédéric-Guillaume, semblant regretter sa boutade, essayait de ressaisir cette couronne qu'il avait repoussée ; mais il était trop tard : l'empereur d'Autriche avait eu le temps de rallier autour de lui les princes allemands et il parlait en maître. Les pré-

---

(1) G. Rothan, « Souvenirs diplomatiques). — *Revue des Deux-Mondes,* 1887.

paratifs belliqueux de la Prusse n'aboutirent qu'à son humiliation à Olmütz (1).

Toujours confiant en l'avenir, Arndt s'était retiré du Parlement afin de poursuivre plus librement la tâche qu'il avait entreprise, de restaurer l'unité allemande, en confédérant les états autour de la couronne de Prusse. « Ici — disait-il en parlant de sa patrie d'adoption — ici, il n'y a pas seulement un peu de l'Allemagne, comme les partisans de la « grande Allemagne (2) » affectent de le dire sur les bords du Danube. Ici, est la vraie Allemagne, celle dont on dira un jour : la grande Allemagne (3). »

Après avoir vécu presque la durée d'un siècle, le vieux poète s'éteignit, le 39 juin 1860. Il n'avait fait qu'entrevoir la réalisation de son rêve, mais il léguait à M. de Bismarck les fortes traditions de 1813, et il avait jeté à pleine main sur toute l'Allemagne la semence féconde d'où devait sortir le pangermanisme.

---

(1) La remarquable étude publiée par M. Rothan dans la *Revue des Deux-Mondes* sous le titre : « La France et la Prusse au sortir de la Révolution de 1848 » me dispense de tout développement ; j'y renvoie le lecteur.

(2) Au Parlement de Francfort, les députés s'étaient, dès le début, partagés en deux groupes : le parti de la « Petite Allemagne » refusait aux nations qui n'étaient pas de race germanique l'accès de la Confédération allemande ; le parti de la « Grande Allemagne » acceptait dans l'union l'Autriche avec tous ses peuples; ce parti était évidemment le parti autrichien : c'est de lui qu'il est ici question.

(3) *Pro populo germanico*, dernière œuvre de Arndt (1854).

XIV

CONCLUSIONS

Si nous avons cru devoir mettre en lumière toute une page de l'histoire de la Prusse, ce n'est point dans l'unique désir de détruire une légende : notre but a été plus élevé. Qu'on nous pardonne une expression qui rend bien notre pensée : nous avons estimé qu'il serait plus aisé pour nous de voir la paille dans l'œil de notre voisin que la poutre qui se trouve dans le nôtre. En exposant les difficultés auxquelles la Prusse se heurta dans la préparation de sa revanche, nous avons voulu signaler les obstacles qui pourraient compromettre celle de la France.

Notre enquête nous a montré la Prusse en proie à des dissensions intestines, à des luttes de castes qui faillirent le conduire à sa perte en empêchant les réformes d'aboutir. L'indécision de son roi, l'incohérence de sa diplomatie avaient entraîné la monarchie dans une chute si profonde qu'elle semblait ne plus devoir attendre son salut que de l'apparition d'un nouveau Frédéric, capable d'opposer son génie au génie victorieux de Napoléon. Elle fut sauvée par le labeur d'un Scharnhorst, l'habileté d'un Stein, l'audace d'un York et la ténacité d'un Blücher. Ces hommes, que l'adversité n'avait point abattus, avaient conservé au cœur le ferme désir d'une prompte revanche. Ils avaient su s'élever au-dessus des querelles des partis. Ils n'étaient point des hommes de génie, mais ils avaient la volonté de vaincre; ils étaient prêts à sacrifier à leur patrie leur situation, leur fortune et leur vie. Dans leur union, ils avaient puisé la force nécessaire à l'accomplissement de grandes choses. Leur tâche était immense.

Au point de vue militaire, il fallait réorganiser, sur des bases nouvelles, des institutions démodées. Ce fut l'œuvre de Scharnhorst. Organisateur de talent, il comprit que, dans la lutte qui allait s'ouvrir, la Prusse aurait besoin du concours de tous ses enfants; s'inspirant des agissements de la Révolution française, il devint le promoteur d'une idée qui devait faire son chemin dans le monde : la nation armée.

Au point de vue politique, il importait de modifier les lois dans un sens plus libéral et de détruire des usages surannés, derniers vestiges des institutions féodales. Il fallait simplifier une administration tout entière livrée à la routine et demeurée l'apanage de la noblesse. Ce fut l'œuvre de Stein et de Hardenberg.

Scharnhorst et Stein comprirent que ces réformes, si diverses en apparence, constituaient un tout compact, un bloc unique. Tous deux eurent le rare mérite de se rendre compte de la connexité existant entre les lois civiles et les lois militaires; ils comprirent l'impossibilité de modifier les unes sans modifier les autres. La même évolution doit se produire dans toutes les institutions nationales, faute de quoi un pays subit des crises qui peuvent le conduire à sa ruine ou, tout au moins, ébranler fortement sa puissance.

La France n'a-t-elle point oublié cette leçon de l'histoire et s'est-elle préoccupée de maintenir toujours en concordance ses lois civiles et ses lois militaires? Il est permis d'en douter.

Jetons un coup d'œil en arrière, mesurons l'espace parcouru et celui qui nous reste à parcourir.

Après nos désastres de 1870, l'Assemblée Nationale

entreprit la revision des institutions politiques et militaires de la France. Comme autrefois en Prusse, deux groupements se formèrent parmi les législateurs : les uns réclamaient des réformes radicales répondant à la fois aux aspirations du pays et au désir d'une prompte revanche ; les autres, demeuraient attachés aux vieilles coutumes qui avaient fait autrefois la gloire de la nation, mais qui avaient fini par causer ses revers. Entre ces forces contraires, il finit par s'établir un équilibre, et la France fut dotée d'institutions qui constituaient un moyen terme et suffisaient à assurer momentanément la sûreté et la tranquillité du pays, sinon à faire sa force.

Trente années se sont écoulées depuis lors ; une importante évolution s'est produite : les lois civiles ont été modifiées, transformées ; les institutions militaires sont demeurées à peu près immuables, à l'exception cependant de la loi sur le recrutement, la seule qui, touchant directement la nation, a été l'objet de la sollicitude de ses représentants. L'armée a travaillé : elle a modifié ses règlements, son armement, ses méthodes d'instruction, elle a accru sa force dans la mesure de ses moyens ; mais elle est encore régie par des lois qui, dans l'esprit de leurs auteurs, n'étaient que provisoires (1).

La réorganisation de notre état militaire après 1870 n'a été ni complète, ni même suffisante. Il semble qu'on ignorait en France ce qui advint à la Prusse après les échecs que lui infligèrent nos armées pendant les guerres de la Révolution.

Sous la pression des événements, cette puissance avait

---

(1) Notre loi actuelle sur le service d'état-major, considérée, à juste titre, comme organisant un corps spécial insuffisamment ouvert, souleva les plus vives discussions au Sénat ; elle ne fut adoptée, sur la proposition du maréchal Canrobert, qu'à titre provisoire en attendant mieux.

bien compris qu'il était temps d'abandonner les glorieuses institutions de Frédéric le Grand pour réorganiser son armée sur des bases nouvelles; mais ses généraux apportèrent dans cette réorganisation la même hésitation qu'ils avaient montrée sur les champs de bataille. En 1803, ils ergotaient encore sur les propositions de Rüchel, de Courbière et de Knesebeck! Eux aussi adoptèrent des solutions provisoires; Iéna en fut la conséquence, en 1806. Lorsque Scharnhorst fut enfin autorisé à prendre en main la direction de réformes radicales, il était trop tard; les sévères conditions du traité de Tilsit les avaient rendues impossibles. Sans le secours de ses puissants alliés, la Prusse eût disparu en 1813.

Que de leçons pour nous dans cette lutte épique qui rendit à la Prusse son indépendance!

Pendant les périodes de paix, cette puissance ne s'était point opposée au développement exagéré de son personnel administratif; pour mettre un terme aux réclamations incessantes de la noblesse et de la riche bourgeoisie, avides de privilèges, le roi leur avait distribué des charges, et le pays était devenu la proie des fonctionnaires. Plus les rouages de la machine gouvernementale sont simples, moins il y a de frottements et plus cette machine est capable de produire rapidement un travail considérable. La Prusse faillit être perdue par sa bureaucratie : non seulement ses innombrables fonctionnaires avaient absorbé les maigres ressources budgétaires qui eussent été utilement employées à réorganiser l'armée et à reconstituer son matériel de guerre, mais encore ils entravèrent par leur routine et leur formalisme la levée rapide des troupes; ils appauvrirent les cadres de l'armée, en s'abstenant de servir dans ses rangs et en rendant plus difficile le recrutement de son corps d'officiers.

En 1813, la Prusse commit aussi la faute de mettre

sur pied plus de soldats qu'elle n'en pouvait encadrer, équiper, armer et nourrir.

Par suite du manque de surveillance et surtout à cause des privations, l'énorme masse d'hommes recrutée fondit comme la neige au soleil.

A la guerre, la consommation d'hommes est effrayante; elle est due bien moins au feu qu'à la maladie et à la désertion; aussi est-il sage de n'entrer en campagne qu'avec une réserve de soldats au moins égale à l'effectif employé devant l'ennemi; peut-être même, en certaines circonstances, cette réserve devra-t-elle être du double.

Les effectifs considérables de l'armée prussienne s'affaiblirent rapidement, surtout ceux de la landwehr. Les dépôts étant vides, les généraux durent, à maintes reprises, amalgamer les bataillons d'un même régiment pour en former une faible unité. Après Leipzig et après Châlons, il fallut procéder à une réorganisation complète de l'armée : ce qui produisit un temps d'arrêt dans les opérations militaires. Tous ces inconvénients provenaient de ce que, au début, la Prusse avait voulu faire trop grand et n'avait point compris l'importance capitale d'une solide organisation des dépôts.

Ces fautes commises par les Prussiens en 1813, ne les avons-nous pas renouvelées nous-mêmes dans la deuxième partie de la guerre de 1870 ? La France, elle aussi, voulut faire trop grandement les choses et ce fut bien souvent la cause de sa faiblesse. Les armées nombreuses ne s'improvisent pas, et, d'ailleurs, Montaigne nous l'a bien dit : « Ce n'est pas le nombre des hommes, mais le nombre des bons hommes qui fait l'avantage à la guerre; les demeurants servant plus de destoubier (1) que de secours. »

---

(1) De trouble.

Il ne suffit pas de lever des hommes : il faut encore pouvoir les encadrer et cela d'autant plus solidement qu'ils sont moins instruits. Nous avons vu la Prusse aux prises avec les plus grandes difficultés pour doter sa landwehr d'officiers capables de la conduire au feu. En France, la question des cadres de l'armée de seconde ligne attend encore aujourd'hui une solution. Notre législation présente, à cet important point de vue, les mêmes lacunes que celle de la Prusse en 1813 ; elle se heurte aux même obstacles : les classes riches de la nation sont avides de privilèges ; elles ne veulent point servir dans l'armée aussi longtemps que le paysan ou l'ouvrier sur lesquels pèsent lourdement une loi indigne d'une démocratie. Alors que deux années paraissent à peine suffisantes pour former un soldat, nous prétendons créer des officiers de réserve en moins de dix mois de service. Il est vrai que des « pelotons de dispensés » ont été organisés en vue de donner une instruction intensive à ces candidats à l'épaulette ; mais ces pelotons ressemblent à s'y méprendre aux « détachements de chasseurs » institués par Scharnhorst, en 1813, et nous savons quels en furent les résultats. C'est plus haut, dans la réforme radicale de nos institutions militaires, dans une utilisation plus logique de nos excellents cadres de sous-officiers rengagés, qu'il convient de rechercher la solution d'une question dont dépend notre revanche.

Il y a, entre la diplomatie de la Prusse, de 1806 à 1813, et celle de Frédéric le Grand, cette différence capitale que Frédéric, confiant en sa puissance, s'appliquait à gouverner la Fortune, tandis que Frédéric-Guillaume III, indécis et craintif, se laisse mener par elle. Au gré des événements, ce monarque passe du camp de la France dans celui de l'Autriche ; mais il le fait sans discernement et ne récolte que des humiliations; comme il ne dispose pas de la force, sa politique aboutit fatalement à des échecs.

Frédéric-Guillaume Ier, qui fut l'innovateur de cette politique de main libre, avait forgé une arme qui devait devenir terrible entre les mains de son fils, mais dont il ne sut jamais se servir lui-même. Il possédait cependant une armée solide et admirablement disciplinée ; comme c'était le fruit de ses économies, il eut toujours peur de le compromettre. Il trompait tout le monde, et, lorsque le moment était venu de tirer profit de ses tromperies, il était pris subitement de la peur de s'être trompé lui-même. Pour pêcher en eau trouble, il agitait l'Europe, puis s'enfuyait devant la tempête. Toutes ses menaces, dépourvues de sanction, n'étaient que des fanfaronnades qui le ridiculisèrent aux yeux des autres monarques.

Plus tard, cette dangereuse diplomatie n'a-t-elle pas conduit la Prusse à l'humiliation d'Olmütz ? Ni le général Radowitz ni le baron de Manteuffel n'étaient de taille à jouer pareil jeu ; au reste, eux aussi, ne disposaient pas de la force. Si M. de Bismarck put se montrer l'émule de Frédéric le Grand, sur le terrain diplomatique, c'est qu'il avait été instruit par les échecs de ses prédécesseurs, c'est qu'il possédait la confiance de son roi et que derrière lui marchait de Moltke, à la tête d'une armée puissante. Tout le secret de sa force tenait dans ces quelques mots, qui constituent encore la devise des Hohenzollern : « D'abord peser, ensuite oser. — Erst wägen, dann wagen. » Jugement et audace, deux qualités qu'il est plus rare qu'on ne croit de rencontrer en un même homme.

La France, encore sous la vive impression du drame de 1870, s'est-elle demandé s'il ne lui conviendrait pas d'adopter à son tour les principes d'une politique extérieure dont elle a appris à connaître toute la puissance ? Il semble, en effet, que la diplomatie de Frédéric le Grand et du Chancelier de fer doive être, en quelque sorte, le corollaire de l'esprit d'offensive qui anime notre armée. Cette diplomatie ne se borne pas à tirer parti des événements : elle les provoque au besoin, elle les dirige au gré de ses désirs ; partout elle conserve l'initiative dans laquelle nos chefs militaires s'accordent à voir la plus belle vertu de l'offensive. C'est cette union intime entre l'action diplomatique et l'action militaire que l'empereur d'Allemagne rappelait tout récemment encore à ses généraux et à ses ministres, en leur répétant cette maxime de son ancêtre Frédéric-Guillaume Ier, maxime que nous considérerons comme la conclusion de cette étude:

« Si l'on veut décider de quelque chose dans le monde, jamais la plume ne le fera si elle n'est soutenue par la force de l'épée. »

Wenn man in der Welt etwas will decidiren,
will es die Feder nicht machen,
wenn sie nicht von der Force
des Schwertes souteniert
wird.

FIN

TABLE DES MATIÈRES

Préface. 5
Avant-propos. 7

I. — *Aperçu historique.*

L'armée prussienne sous Frédéric-Guillaume Ier. — Les hommes de paille. — Le Kantonsystem. — Les guerres de Frédéric-le-Grand. — Les volontaires de 1757. — La Landmiliz. — Influence de la Révolution française. — Le service obligatoire. — Commission de réorganisation de 1803. — Décadence de l'armée prussienne.................................... 11

II. — *Progrès des institutions militaires de la Prusse de 1806 à 1812.*

Situation de la Prusse après Iéna. — Scharnhorst. — Blücher. — York. — Hardenberg. — Stein. — Commission de réorganisation militaire. — Stein prend la direction générale des réformes. — Réorganisation de l'armée. — Le service obligatoire. — Moyen d'éluder les clauses du traité de Tilsit. — Projet provisoire d'organisation des troupes provinciales. — La landwehr. — La taxe militaire. — Réforme de l'instruction publique. — Création de l'université de Berlin. — Stein et Arndt sont exilés. — Mouvement militaire de 1809. — Le roi se décide à la guerre. — Menaces de Napoléon. — Projet de cession de la Silésie à la France. — Projet d'organisation des gardes bourgeoises.................................... 24

III. — *Coup d'œil d'ensemble sur la situation générale de la Prusse en 1813.*

Situation précaire de la Prusse. — Hardenberg. — Réforme financière. — Réforme administrative. — Les Etats provinciaux. — Les cercles. — Les communes. — Edit de gendarmerie. — Le passage des colonnes françaises en 1812. — La famine. — Impression produite par les premières nouvelles des désastres des Français.......................... 49

IV. — *Evénements qui se produisirent dans la province de Prusse au début de 1813.*

Ordres donnés au général York. — Sa défection. — Incident que provoque l'occupation de Memel par les Russes. — Situation difficile de York. — Ses hésitations. — Arrivée de Stein. — Effet produit à Berlin par la défection de York. — Sa destitution. — Son attitude énergique. — Maladroite proclamation du tzar. — Fautes commises par Stein. — Convocation des Etats provinciaux. — Elaboration de la loi sur la landwehr. — Séance du 7 février. — Départ de Stein. — Vote de la loi sur la landwehr. — Impopularité de la gendarmerie. — Omnipotence de la commission générale. — Attaque contre les députés des Etats. — York demande que les fonctionnaires donnent l'exemple du devoir. — Conflit entre York et Auerswald. — Nécessité d'une direction unique et énergique............ 58

V. — *Mobilisation de l'armée permanente.*

Partis qui divisent la cour de Frédéric-Guillaume. — Politique de Hardenberg. — Le roi transporte sa cour à Breslau. — La commission supérieure de gouvernement. — Rappel de Scharnhorst. — Premières négociations avec la Russie. — Entrevue de Stein et du roi de Prusse. — Traité de Kalisch. — Mobilisation. — Emission d'un papier monnaie. — Edit du 9 février. — Rappel des réservistes. — Les chasseurs volontaires. — Les corps francs. — Les chasseurs noirs de Lützow. — Initiative privée. — Les volontaires étrangers de von Reuss. — Les chasseurs étrangers de von Reiche. Résultats obtenus. 89

VI. — *Les ordonnances sur la Landwehr et le Landsturm.*

Arrivée du major Dohna à Breslau. — Entrevue de Dohna et de Scharnhorst. — Opposition apparente de Scharnhorst. — Les gouvernements militaires. — Leurs inconvénients. — Motifs véritables de cette solution. — L'appel au peuple du 17 mars. — Promulgation de la loi sur la landwehr. — Différences entre les actes de Königsberg et de Breslau. — Difficulté de recruter les officiers. — Le landsturm.................. 112

VII. — *Levée de la landwehr jusqu'à l'armistice.*

La landwehr dans les provinces de Lithuanie et de Prusse. — Difficultés surmontées par le général York. — Exemples de dévouement patriotique. — Nombreuses défaillances. — Le remplacement. — Rareté des ressources. — Manque de patriotisme dans les cercles de la rive gauche de la Vistule. — Levées de vive force.
La landwehr dans les Marches de Brandebourg. — Désordres à Potsdam. — Non-valeur des levées.
La landwehr en Poméranie. — Misère qui désole la province.
La landwehr en Silésie. — Manque de patriotisme. — Désertions. — Mesures prises contre les déserteurs............ 133

VIII. — *Les régiments nationaux de cavalerie.*

Pénurie de chevaux. — Le régiment national de cavalerie prussienne. — Son organisation. — Le régiment national de cavalerie poméranienne. — Le régiment national de cavalerie silésienne.. 151

IX. — *Organisation entreprise pendant l'armistice.*

Fautes commises au début de la campagne. — York marche sur Berlin. — Blücher pénètre en Saxe. — Batailles de Lützen et de Bautzen. — Désaccord avec les Russes. — Retraite en Silésie. — Armistice du 4 juin. — Réorganisation de l'armée de ligne. — La landwehr en Lithuanie et en Prusse Orientale. — Divisions Dohna et Bardeleben. — Triste situation de la division Wobeser de la Prusse Occidentale. — La landwehr dans le Brandebourg. — La division de landwehr poméranienne. — Gneisenau organise de vive force la landwehr en Silésie. — Pénurie d'officiers. — Résultats d'ensemble. — Différentes manières d'amalgamer la landwehr et la ligne. — Le mélange des hommes proposé par York. — L'amalgame par régiments. — Organisation en brigades. — Fractionnement de l'armée prussienne.. 156

X. — *La tactique des armées prussiennes.*

L' « Instruction sur les exercices de la landwehr à pied ». — Formation du bataillon. — Formation de combat. — Rôle et emploi des tirailleurs. — Les vieux officiers prussiens conservent la tactique de Frédéric le Grand. — Tactique de la cavalerie. — Combat à la Cosaque. — Opinion du général de Brack. — Les « hurah ! ». — La cavalerie en liaison avec l'infanterie. — Tactique de l'artillerie............................ 174

XI. — *La landwehr sur les champs de bataille de l'Allemagne.*

Place de la landwehr dans l'ordre de marche. — Paniques. — Place de la landwehr dans l'ordre de bataille. — Combat de Hagelsberg. — Combat de Goldberg. — La landwehr à l'armée de Bohême. — La landwehr devant Leipzig............ 183

XII. — *La landwehr dans les provinces conquises. Son sort durant les campagnes de 1814 et de 1815.*

Formations entreprises après le passage de l'Elbe. — Les 5ᵉ et 6ᵉ gouvernements militaires. — Manque de patriotisme. — Invasion de la France. — La désertion. — Episode d'indiscipline. — La landwehr pendant la paix. — La landwehr en 1815. 197

XIII. — *La politique prussienne et l'unité allemande.*

La Prusse et la restauration de l'unité allemande. — Influence du règne de Frédéric le Grand et de la philosophie du xviiiᵉ siècle. — Herder, Gœthe, Schiller, Fichte. — L'Allemagne en 1807. — La reine Louise de Prusse. — Arndt poète de la revanche. — Stein, son action au début de 1813. — Sa rupture avec les princes allemands. — Action combinée de Stein et de Arndt. — Projet de création d'un empire prussien. — Proclamations des alliés. — Arndt, Kœrner et Gœthe à Dresde. — Intervention de l'Autriche. — La commission centrale d'administration. — Metternich et Gentz. — Ambitions de la Prusse après Leipzig. — Principe des nationalités. — Déceptions de la Prusse au congrès de Vienne. — L'affaire de Saxe. — L'union germanique réalisée contre la Prusse. — Accusations portées contre Hardenberg et Stein. — Arndt poursuit la réalisation de l'unité allemande. — Le congrès de Francfort. — Arndt précurseur du Pangermanisme...................... 205

XIV. — *Conclusions*. 236

Paris et Limoges. — Imp. milit. Henri CHARLES-LAVAUZELLE.

Librairie militaire Henri CHARLES-LAVAUZELLE
Paris et Limoges.

GUERRE DE 1870. — **La première armée de l'Est.** — Reconstitution exacte et détaillée de petits combats avec cartes et croquis, par le commandant breveté Xavier EUVRARD. — Volume grand in-8º de 268 pages....... 6 »

L'armée de Metz, 1870, par le colonel THOMAS. — Vol. in-8º de 252 pages, orné d un portrait et de deux cartes............................. 3 »

Le maréchal Bazaine pouvait-il, en 1870, sauver la France? par Ch. KUNTZ, major (H. S.), traduit par le colonel d'infanterie E. GIRARD. — Vol. in-8º de 248 p., avec une carte hors texte des envir. de Metz. 4 »

CAMPAGNE DE 1870-71. — **Le 13º corps dans les Ardennes et dans l'Aisne**, ses opérations et celles des corps allemands opposés. Etude faite par le capitaine breveté VAIMBOIS, de l'état-major de la 10º division d'infanterie. — Volume in-8º de 224 pages..................... 3 50

La défense de Belfort, écrite sous le contrôle de M. le colonel Denfert-Rochereau, par MM. Édouard THIERS, capitaine du génie, et S. DE LA LAURENCIE, capitaine d'artillerie, anciens élèves de l'Ecole polytechnique, de la garnison de Belfort (5º édition). — Volume in-8º de 420 pages, avec trois cartes et plans en couleurs hors texte................. 7 50

Histoire militaire de la France depuis les origines jusqu'en 1843, par Emile SIMOND, capitaine au 28º d'infanterie. — 2 vol. in-32 de 112 et 102 pages, brochés, l'un. » 50; reliés pleine toile gaufrée, l'un..... » 75

Histoire militaire de la France, de 1843 à 1871, par Emile SIMOND, capitaine au 28º de ligne. — 2 volumes in-32 de 96 et 104 pages, brochés. l'un. » 50; reliés pleine toile gaufrée......................... » 75

Crimée-Italie. — Notes et correspondances de campagne du général de Wimpffen, publiées par H. GALLI. *Ouvrage honoré d'une souscription du ministère de la guerre.* — Volume grand in-8º de 180 pages....... 5 »

Tableaux d'histoire à l'usage des sous-officiers candidats aux Ecoles militaires de Saint-Maixent, Saumur, Versailles et Vincennes, par Noël LACOLLE, lieutenant d'infanterie. — Volume in-18 de 144 pages. 2 50

Memento chronologique de l'histoire militaire de la France, par le capitaine Ch. ROMAGNY, professeur de tactique et d'histoire à l'Ecole militaire d'infanterie. — Volume in-18 de 316 pages................. 4 »

Précis historique des campagnes modernes. Ouvrage accompagné de 37 cartes du théâtre des opérations, à l'usage de MM. les candidats aux diverses écoles militaires (2º édition). — Vol. in-18 de 232 p., broché. 3 50

Sans armée (1870-1871), Souvenirs d'un capitaine, par le commandant KANAPPE. — Volume in-18 de 336 pages, broché............. 3 50

La charge de cavalerie de Somo-Sierra (Espagne), le 30 novembre 1808, par le lieutenant général POUZEREWSKY, traduit du russe par le capitaine Dimitry OZNOBICHINE, de l'état-major général de l'armée russe. — Brochure in-8º de 56 pages avec 2 croquis dans le texte............ 1 50

Carnet d'un officier. — En colonne au Laos (1887-1888). — Volume in-8º de 72 pages.. 2 »

GÉNÉRAL F***. — **Souvenirs d'un officier de l'armée belge à propos des militaires français internés à Anvers** pendant la guerre de 1870-71. — Brochure in-8º de 22 pages.................................. » 75

ETUDES DE TACTIQUE APPLIQUÉE. — **L'Attaque de Saint-Privat** (18 août 1870), par Pierre LEHAUTCOURT. — Volume in-8º de 112 pages, avec un croquis dans le texte.. 2 50

Général LAMIRAUX. — **Le siège de Saint-Sébastien en 1813**, avec un croquis dans le texte. — Brochure in-8º de 54 pages................. 1 25

Danger du principe fondamental de Jomini, par le capitaine L. FARAUD. — Brochure in-8º de 22 pages................................... » 60

Librairie militaire Henri CHARLES-LAVAUZELLE
Paris et Limoges.

L'Expédition militaire en Tunisie (1881-1882). — Fort vol. grand in-8° de 422 pages, avec 7 cartes et croquis, couverture en couleurs...... 7 50

La 6e brigade en Tunisie, par le général Ch. PHILEBERT. — Vol. in-8° de 232 pages, orné d'un portrait du général, de 13 gravures et d'une carte en couleurs hors texte du théâtre des opérations..................... 5 »

Opérations militaires au Tonkin, par le commandant breveté CHABROL, de l'état-major du 4e corps d'armée. — Volume grand in-8° de 350 pages, avec 72 cartes et couverture en couleurs....................... 6 »

Lang-Son, combats, retraite et négociations, par le commandant breveté LECOMTE. — Volume grand in-8° de 560 pages, broché, imprimé sur beau papier, illustré de 51 magnifiques gravures, têtes de chapitres, culs-de-lampe, vignettes, accompagné d'un atlas contenant 19 cartes et 3 planches. 20 »

Le Tonkin français contemporain, études, observations, impressions et souvenirs, par le docteur Edmond COURTOIS, médecin-major de l'armée, ex-médecin en chef de l'ambulance de Kep; ouvrage accompagné de trois cartes en chromolithographie. — Volume in-8° de 412 pages........ 7 50

Madagascar et les moyens de la conquérir. Etude politique et militaire, par le colonel ORTUS, de l'infanterie de marine. — Volume in-18 de 228 pages avec une carte au 1/4.000.000. .... 3 50

Guide de Madagascar, par le lieutenant de vaisseau COLSON. — Volume in-18 de 220 pages, accompagné de la carte de Madagascar au 1/4.000.000e, des itinéraires de Tamatave à Tananarive, de Majunga à Tananarive, du plan de Tananarive et d'un croquis indicatif des cyclones de l'Océan Indien. 3 50

L'Expédition du Dahomey en 1890, avec un aperçu géographique et historique du pays, sept cartes ou croquis des opérations militaires et de nombreuses annexes contenant le texte des conventions, traités, arrangements, cessions, échanges de dépêches et télégrammes auxquels a donné lieu l'expédition, par Victor NICOLAS, capitaine d'infanterie de marine, officier d'académie (2e édition) — Volume in-8° de 152 pages......... 3 »

Les expéditions anglaises en Afrique. Ashantee (1873-1874). Zulu (1878-1879), Egypte (1882), Soudan (1884-1885), Ashantee (1895-1896), par le lieutenant-colonel breveté SEPTANS, de l'infanterie de marine. — Fort volume grand in-8° de 500 p., avec 29 cartes et croquis, couvert. en couleurs. 7 50

Les expéditions anglaises en Asie. Organisation de l'armée des Indes (1859-1895), Lushai Expédition (1871-1872), les trois campagnes de lord Roberts en Afghanistan (1878-1880), expédition du Chitral (1895), par le lieutenant-colonel breveté SEPTANS, de l'infanterie de marine. — Vol. gr. in-8° de 350 p., avec 17 cartes et croquis, couverture en couleurs... 7 50

Petites guerres. Leurs principes et leur exécution, par le major C.-E. CALLWELL, traduit et annoté par le lieutenant-colonel breveté SEPTANS, de l'infanterie de marine. — Volume in-8° de 372 pages, avec 12 croquis dans le texte.. 7 50

Expéditions militaires d'outre-mer, par le colonel George-Armand FURSE, ayant servi dans la *Black Watch*, traduit de l'anglais, avec l'autorisation de l'auteur, et annoté par le lieutenant-colonel breveté SEPTANS, de l'infanterie coloniale. — Volume grand in-8° de 600 pages avec 12 cartes et croquis dans le texte.. 10 »

Les Italiens en Erythrée. Quinze ans de politique coloniale, par C. DE LA JONQUIÈRE, capit. d'art. brev. — Vol. in-8° de 352 p., avec 10 cartes. 5 »

Rapport du général Lamberti, vice-gouverneur de l'Erythrée, sur la bataille d'Adoua (1er mars 1895). — Brochure in-8° de 64 pages, avec 5 cartes dans le texte... 1 50

Le catalogue général de la Librairie militaire est envoyé gratuitement à toute personne qui en fait la demande à l'éditeur Henri CHARLES-LAVAUZELLE.

www.ingramcontent.com/pod-product-compliance
Lightning Source LLC
Chambersburg PA
CBHW070525170426
43200CB00011B/2327